Der Plot,
der (k)ein Irrgarten ist

Ilona Schmidt

Sieben Verlag

ISBN-Taschenbuch: 9783864432873
ISBN-E-Book-PDF: 9783864432880
ISBN-E-Book-epub: 9783864432897

www.sieben-verlag.de

Die besten Bücher sind die, von denen jeder
Leser meint,
er hätte sie selbst schreiben können.

Blaise Pascal

Vorwort

Geschichtenerzähler malen Bilder mit Worten

Schreiben – jeder, der die Schulbank gedrückt hat, kann es, aber nicht jeder schafft es, ein Buch fertigzustellen; noch dazu eines, das den Leser in seinen Bann ziehen soll. Dies wird schnell offenkundig, wenn man mit dem Schreiben beginnt, da es zunächst leichter aussieht, als es ist. Wie funktioniert eigentlich dieses Bücherschreiben? Als ich vor vielen Jahren damit anfing, hatte ich kaum Ahnung davon, aber tausend Geschichten im Kopf. Nach einem Jahr konnte ich tatsächlich ein „Ende" auf die letzte Seite setzen, fragte mich aber: Taugt mein Werk überhaupt etwas?

Seitdem beschäftige ich mich mit dem Schreiben, belegte entsprechende Kurse, entwarf und verwarf Plots, nahm weitere Kurse, las Ratgeber, diskutierte mit Lehrern, angehenden und etablierten Autoren, hielt mit Agenturen und Verlagen Kontakt, um herauszufinden, wie das Plotten und Bücherschreiben funktioniert.

Wer das DSFo, das Deutsche Schriftsteller Forum, im Internet kennt, mag auch über die DSFoPedia gestolpert sein, zu der ich viele Beiträge geleistet habe, wie zum Beispiel Artikel über Plot und Perspektive. So ein Forum ist ein guter Platz, um Erfahrungen und Wissen auszutauschen, Feedback zu geben und zu erhalten, und um angeeignetes Wissen weiterzugeben. Nachdem ich einigen Autoren beim Entwurf eines soliden Plots sowie bei der Erstellung erfolgreicher Exposés helfen konnte, kam mir die Idee, mein Wissen niederzuschreiben. Die Idee zu diesem kleinen Ratgeber war geboren, wobei die Betonung auf Rat liegt. Im Handwerk Schreiben gibt es nämlich kein Gesetzeswerk, keine festgemeißelten Regeln, nur Empfehlungen für Mechanismen, die sich über die Jahrzehnte hinweg entwickelt und bewährt haben.

Dieser Ratgeber erhebt keinen Anspruch auf Vollständigkeit und auf ein allein selig machendes Konzept, denn es gibt viele Wege, die nach Rom, beziehungsweise zu einem Buch, führen. Das Folgende ist daher ein Versuch, Strukturen und Prozesse aufzuzeigen, die zu einem soliden oder spektakulären Plot führen können, und die sich wie Mosaiksteinchen zu einem Gesamtbild zusammenfügen. Ich will auch nicht das Rad neu erfinden, sondern versuche nur, das Thema Plotten anschaulich und nachvollziehbar darzustellen.

Um den Umfang nicht zu sprengen, werden manche Themen, wie zum Beispiel Figurenbildung und Perspektive, nur angerissen. Sie verdienen ihr eigenes Büchlein, bzw. wurden schon in anderen erschöpfend behandelt.

Ratgeber gibt es in Hülle und Fülle, auch aus anderen Sprachen übersetzt. In ihnen suchen angehende und fortgeschrittene Schriftsteller nach Ratschlägen. Und da Schreiben ein Handwerk ist, das erlernt und studiert werden kann, sollte man wenigstens einige davon gelesen haben. Jeder Ratgeber birgt mindestens ein

Aha-Erlebnis in sich, und ich hoffe, dass es bei diesem hier ebenso der Fall ist.

Daneben sind Schreibtipps von Autoren auf ihren Webseiten und Blogs in Mode gekommen, vor allem auf englischsprachigen Seiten. Daher finden sich in diesem Ratgeber viele Begriffe in Englisch und in Deutsch. Wenn schon so viele Ratgeber angeboten werden, warum dann noch einen schreiben? Weil es nur wenige über den Plot und das Plotten gibt. Hier gilt das Gleiche wie beim Zaubern: Keiner gibt gern seine Geheimnisse preis. Viele renommierte Schriftsteller haben gelernt, ihr Wissen in ein Erfolgskonzept umzusetzen, teilen ihre Erkenntnisse aber nur ungern mit anderen. Manche Autoren bloggen oder geben Kurse. Sie erweitern dadurch nicht nur ihren Leserkreis sondern verhelfen ihrem Namen auch zu einem größeren Bekanntheitsgrad.

Ein Wort zur Warnung. Selbst wenn man die Inhalte aller Ratgeber beherzigt, ergibt sich daraus noch lange keine Erfolgsgarantie, denn trotz allen Handwerks ist die Schriftstellerei auch Kunst. Um ein wirklich gutes Buch zu schreiben, bedarf es nämlich etwas, das man in keinem Ratgeber findet: einer zündenden Idee.

1. Schreiben als Prozess

Sie wollen also Schriftsteller werden?

Am Anfang steht die Idee, die uns eines Tages – meist unaufgefordert – befällt, nicht mehr aus ihren Klauen lässt und irgendwann zwingt, den Stift in die Hand zu nehmen und zu rufen: „Ich schreibe ein Buch!"

Und dann geht's los. Der angehende Autor sitzt sich den Hintern platt und schreibt und schreibt und schreibt, bis die Finger wund sind. Sollte ihm nicht die Luft ausgehen oder er sich im Wald der Buchstaben verlaufen haben, schafft er es bis zum Ende, und dann erschallt ein neuer Ruf: „Hurra, ich habe ein Buch geschrieben!"

Tja, so oder ähnlich läuft es. Und dann kommt das große Problem, der Hammer, von dem am Anfang der Leidenschaft nichts zu sehen war: Vor dem Angebot an Verlage oder Agenturen haben die Literaturgötter das Exposé gesetzt. Uff.

Wie nun das sechshundert Seiten umfassende Werk auf zwei reduzieren? Keine Chance. Womöglich sollen Sie noch einen ein- oder zweizeiligen Pitch formulieren, um eine gute Antwort auf die Frage „Um was geht es in Ihrem Buch eigentlich?" parat zu haben. Unmöglich.

Und doch, es geht. Sehr gut sogar, wenn man sich im Voraus einige Gedanken gemacht hat.

Im Folgenden möchte ich einen Weg aufzeigen, wie Sie von Anfang an diese Hürde umgehen können, ohne sich zu sehr festzulegen. Die vorgeschlagene Reihenfolge muss natürlich nicht sklavisch eingehalten werden, sondern stellt nur eine Empfehlung dar, wie sich ein Plot erfahrungsgemäß gut entwickeln lässt. Umgekehrt lässt er sich durch dieselben Fragestellungen hinterher aus dem Manuskript herauskitzeln. Hoffentlich, denn sonst müssten Sie es eventuell umschreiben.

Es gibt viele verschiedene Methoden, ein Buch zu verfassen, und ich möchte niemandem vorschreiben, welche die Beste ist. Das Büchlein richtet sich übrigens nicht nur an Anfänger, sondern auch an Fortgeschrittene, die einfach mehr Struktur und Plausibilität in ihre Plots einbringen möchten.

Immer wieder wird erzählt, man solle einfach das schreiben, was einem am Herzen liegt. Richtig, denn was einem am Herzen liegt, erzeugt Leidenschaft, und die braucht der Autor, um den langen, mühseligen Weg der Schriftstellerei zu gehen. Zumeist entspringt der Wunsch, ein Buch zu schreiben, den Nachwehen eines besonders beeindruckenden Films oder Buchs, mitunter auch persönlichen Erlebnissen. Fast automatisch generieren sich Geschichten aus den Geschichten – Fanfiction wird so geboren, und einige Autoren haben sich von da aus respektabel weiterentwickelt.

Was tun, wenn die Idee, ein Buch zu schreiben, zwickt? Sich einfach hinsetzen und drauflosschreiben?

Ist der Autor Anhänger eines bestimmten Genres und hat entsprechend viele Bücher gelesen, kann das sogar funktionieren. Intuitiv folgt er den Grundzügen eines erfolgreichen Plots, ahmt Stil und Sprache des Genres nach und erfühlt auf diese Weise die Feinheiten. Der Rat, erst einmal tausend Bücher zu lesen, bevor man mit dem Schreiben beginnt, entspringt derselben Logik.

Daneben gibt es aber auch die anderen Autoren, die sich in mehreren Genres wohlfühlen, die sich Gedanken über ernste und Unterhaltungsliteratur machen und sich fragen, was man braucht, um einen guten Plot auszuarbeiten und ob es Unterschiede im Plotten einzelner Genres gibt. Sie suchen nach einer Methode, die ihrer Idee zum Erfolg verhilft.

Dann gibt es die Drauflosschreiber, die sich vielleicht in ihren Plots verlaufen haben und nicht weiterwissen, weil sie am Schluss ihrer Geschichte bemerken, dass der Anfang nicht zum Ende passt.

Sie alle haben eines gemeinsam: Sie schreiben, um Erfolg zu haben – wobei der Begriff Erfolg relativ ist, denn für den einen heißt das, ein Buch zu vollenden, für den anderen einen Millionenseller zu landen und der nächste möchte einfach nur gelesen werden.

1.1 Drauflosschreiben versus Vorplanen

„Writing by the seat of your pants" nennt man das Drauflosschreiben im Englischen. Davon leitet sich der Begriff „Pantser" ab. Das englische Gegenstück dazu ist der „Planner", also der Planer oder Plotter.

Zwischen beiden Extremen gibt es alle möglichen Abstufungen: planloses Drauflosschreiber, Abweichen vom festgelegten Plan, und so weiter. Jeder Schriftsteller sollte für sich selbst herausfinden, welche Schreibmethode für ihn am besten geeignet ist. Je mehr Bücher der Autor in der Schublade oder gar veröffentlicht hat, desto schneller wird er einen Plot ohne große Vorplanung entwickeln können.

Warum das so ist, erkennt man am Beispiel „Fahren": Ein langjähriger Autofahrer hat die Abläufe verinnerlicht, während ein Fahrschüler noch bewusst über seine Aktionen nachdenken muss. Dem Schriftsteller ergeht es ähnlich, wobei der Routinier im Vorteil ist. Während sich der Schreibanfänger über die Wahl der Perspektive und den Szenenaufbau Gedanken macht, kann der erfahrene Schriftsteller darauf verzichten, denn bei ihm funktioniert dies automatisch.

Zurück zu der Frage, ob Drauflosschreiben oder Planen schneller und besser zum Ziel führt? Für den Anfänger ist das Planen zweifelsohne eher geeignet, denn er vermeidet so mehrfaches Überarbeiten, falls der Plot später angepasst werden muss.

Zwei Hauptargumente werden gegen das Planen angeführt:
- Planen tötet die Kreativität.
- Figuren lernt man erst durch das Schreiben kennen.

Andere Argumente sprechen für das Planen:
- Verkauft wird das Exposé.
- Es geht schneller.
- Das Manuskript wird fokussierter.
- Eine Aussage wird leichter transportiert.

- Ewiges Umschreiben zermürbt.
Im Folgenden werden die einzelnen Punkte, die für oder gegen das Vorplanen sprechen, diskutiert. Die Frage, inwiefern diese für Sie in Betracht kommen, müssen Sie selbst beantworten.

1.1.1 Planen tötet die Kreativität

Eingeschworene Drauflosschreiber – und hier vor allem Anfänger – fürchten den Verlust ihrer Kreativität durch Vorplanung. Wenn Sie vorgeplant haben, Ihre Figuren und deren Charaktereigenschaften feststehen, die Struktur klar ist, das Ende ausgedacht und sogar Szenen und Kapitel als Stichpunkte existieren, mag Ihnen das nachfolgende Runterschreiben des Manuskripts als zu mechanisch erscheinen. Das muss nicht sein. Viel hängt davon ab, wie detailliert Sie vorplanen. Wenn Sie Bedenken haben, ein Mehr an Planung könnte Sie später zu sehr einengen, dann planen Sie einfach weniger vor. Sind Sie hingegen eher detailorientiert und gehen gern strukturiert vor, dann eben mehr.

Welcher Typ sind Sie? Sind Sie von Natur aus ein intuitiver Mensch, dann nutzen Sie die Planung als Inspirations- und Fokussierungswerkzeug. Sind Sie eher ein spontaner Mensch, der heute nicht weiß, was er morgen am liebsten tun würde, wird Ihnen die Planung zwar lästig sein, aber helfen, Ihr Buch zu vollenden. Sind Sie hingegen jemand, der seine Koffer zwei Wochen vor der Abreise packt und dazu eine

16

Liste benutzt, dann tauchen Sie in das Planen ein und genießen jede Minute, die Sie mit dem Plotten verbringen.

Lassen Sie sich in jedem Fall auf das Abenteuer der Vorplanung ein und vergessen Sie nicht, dass jeder vorgeplante Plot angepasst werden kann. Nichts wird in Stein gemeißelt, Ihre Planung kann und soll sogar atmen. Meine Empfehlung ist daher ein Minimum an Vorplanung. Was und wie viel das ist, wird im Kapitel 2.2 beschrieben.

1.1.2 Figuren lernt man erst durch das Schreiben kennen

Das ist nur bedingt richtig, denn die Hauptmerkmale eines Charakters sollten bereits vor dem ersten Wort festgelegt sein. Stellen Sie sich vor, Sie wären Schauspieler. Was möchten Sie über die Figur, die Sie verkörpern sollen, wissen? Möglichst alles. Was hat sie in ihrer Vergangenheit gemacht, was sind ihre Vorlieben, was ihre Ziele und Bedürfnisse? Der Schauspieler schlüpft regelrecht in sie hinein. Das kann er aber nur, wenn er weiß, wie sie tickt.

Manche Autoren behaupten, sie lernen ihre Romanfiguren wie Fremde kennen, nämlich durch langsame Annäherung. Das stimmt, und daher braucht die Planung zu einem Buch vor allem eines – Zeit. Bevor Sie das erste Wort Ihres Manuskripts schreiben, sollten Sie die Figur in- und auswendig kennen, vor allem, wenn sie ein Perspektivträger ist. Wenn Sie einem Fremden begegnen, kennen Sie weder seine Vergangenheit noch seine Charaktereigenschaften. Aber bedenken Sie, dass jeder Mensch aufgrund seiner Erfahrungen und Erwartungen handelt, und zwar von Beginn an. Während er für sie ein unbeschriebenes Blatt ist, ist sein Lebensbuch bereits vollgeschrieben. So soll es auch in ihrem Manuskript sein. Es handelt von Aktionen und Reaktionen der Figuren, und deshalb müssen Sie wissen, was Ihre Figuren bewegt, und das vom ersten Wort an.

Allerdings kann es auch bei der besten Planung vorkommen, dass ein Detail vergessen wurde, weil es sich erst während des Schreibens herauskristallisierte. Oder sie finden eine Hintergrundinformation, die noch besser zu ihrem Helden passt. Das ist kein Problem, solange dadurch keine Änderung des Ziels entsteht, denn das würde zumeist eine deutliche Überarbeitung der vorangegangenen Szenen nach sich ziehen. Ein kleines Detail, wie zum Beispiel ein neues Hobby, lässt sich dagegen leicht nachträglich einarbeiten.

1.1.3 Verkauft wird das Exposé

Das ist ein Pro für die Vorplanung. Agenturen verlangen als Erstes ein Exposé und eine Leseprobe, die meist aus den ersten drei Kapiteln besteht. Auch der Verlag entscheidet anhand dieser Unterlagen, ob überhaupt Interesse vorhanden ist. Passt das Genre in das Verlagsportfolio? Ist der Plot solide oder hat er Löcher?

Die Leseprobe dient hauptsächlich zur Feststellung, ob der Autor überhaupt das Handwerk beherrscht: Perspektive, Stil, Sprache. Mit einiger Übung reicht das Lesen eines Absatzes, um dies abschätzen zu können. Leseproben, die im Normalfall vom Anfang des Manuskripts ausgehen, umfassen die ersten dreißig Seiten. Manchmal möchte der Verlag jedoch mehr sehen, die ersten fünfzig, die ersten hundert, um zu prüfen, wie der Spannungsbogen umgesetzt wurde.

Haben Sie bereits ein Manuskript an einen Verlag verkauft, wird beim nächsten zuerst ein Konzept erstellt, das zumeist aus Figurenliste, Pitch und Zusammenfassung besteht, und als Exposé bezeichnet wird. Verlage kaufen durchaus Manuskripte, bevor sie geschrieben sind, vor allem dann, wenn der Autor schon einen gewissen Bekanntheitsgrad erreicht hat. Ist erst einmal ein Debütbuch verkauft, werden neue Verträge anhand des Exposés geschlossen, ohne dass der Roman vorhanden sein muss. Von daher ist es ein Vorteil, wenn Sie gelernt haben, ein Exposé vor dem Roman zu schreiben und es anschließend entsprechend umzusetzen.

Natürlich geht das auch umgekehrt, etablierte und erfolgreiche Schriftsteller präsentieren ein komplettes Manuskript dem Verlag, der schon darauf wartet. Allerdings brauchen Sie mehr als nur einen Bestseller, um in diesen Status zu kommen.

1.1.4 Mit Vorplanung geht das Schreiben schneller

Wer einmal drauflosgeschrieben hat, weiß, was ich meine. Spätestens nach der Hälfte, wenn nicht schon beim ersten Drittel, erwischt es einen eiskalt. Der Writer's Block, die Schreibblockade. Plötzlich ist der Plot doof, die Geschichte trivial, die Figuren platt wie die Norddeutsche Tiefebene. Nichts geht mehr. Die Schreibblockade ist ein wohlbekanntes Phänomen, das vor allem Drauflosschreiber trifft. Was kann man dagegen tun? Ganz einfach: eine Pause einlegen, etwas anderes plotten, lesen, Abstand gewinnen. Meistens entspringt die Blockade einem Problem im Plot. Ein Logikfehler, eine Lücke im Ablauf, oder man hat einfach keine Ahnung, wie es weitergehen soll.

Der Planer indes hat ein Gegenmittel: den Plot. Er kann sich zum Weiterschreiben zwingen und so die Blockade überwinden, denn er weiß, wo's lang geht. Und schon flutschen die Worte aus der Feder, oder besser gesagt, aus der Tastatur.

Das funktioniert nur, weil der Autor zuvor viel Gehirnschmalz in seinen Plot gesteckt hat – das nur zur freundlichen Warnung. Eine Idee in einen ordentlichen Plot umzusetzen, erfordert einfach Zeit.

1.1.5 Das Manuskript wird fokussierter

Aha, nun kommen wir der Sache schon näher. Wenn ich weiß, welches Buch ich schreiben will, und dies auch ausformuliert habe, kann ich Beschreibungen, Szenenaufbau und Figuren danach ausrichten. Welche Charaktereigenschaften der Personen passen zu einem heiteren Liebesroman, welche zu einer düsteren Dystopie? Welches Setting passt besonders gut zu einem Thema? Welche Struktur soll ich meinem Buch mitgeben? Gibt es dabei Unterschiede?

Ich meine: ja. Die Ausrichtungen von Charakteren, Setting und Thema bewirken einen starken Plot. Mag das Schreiben auch noch so leicht aussehen, so überlässt der versierte Autor dennoch nichts dem Zufall. Selbst wenn er nach dem zehnten Buch nicht mehr so vorausplanen muss wie am Anfang seiner Karriere, weil er die Prozesse verinnerlicht hat, tut er dies trotzdem unbewusst.

1.1.6 Eine Aussage wird leichter transportiert

Figuren, Schauplatz sowie Szenenaufbau sind aufeinander abgestimmt und transportieren somit eine Aussage, ohne lehrerhaft zu wirken. Die Taten und die Stimmung sprechen für sich selbst, und zwar von Anfang an. Siehe vorhergehenden Abschnitt.

1.1.7 Ewiges Umschreiben zermürbt

Das glauben Sie nicht? Probieren Sie es aus. 120.000 Wörter eines historischen Romans sind etwa 600 Normseiten. Die auf eine neue Figur umzuschreiben, oder nur die Motivation einer Figur zu ändern, erzwingt fast unweigerlich einen neuen Plot. Und schon schreiben Sie einen vollkommen neuen Roman.

„Schreiben bedeutet Wieder-Schreiben" („Writing is re-writing") hat der berühmte Ernest Hemingway einst gesagt. Das heißt nicht, das Ganze neu zu erfinden, sondern zum Beispiel eine Szene, aus einer anderen Perspektive zu beschreiben. Oder sie löschen einfach das alte Kapitel und/oder schreiben die Szene neu. Meistens findet der Autor dann nicht nur eine flüssigere Wortwahl und Satzstruktur, sondern bekommt vor allem auch einen fokussierten Blick auf Motivation und Ziele seiner Akteure.

In seinem „Wie man einen verdammt guten Roman schreibt" nennt der Autor James N. Frey den Vorgang „Den Traum neu träumen" („Redreaming the dream"), wenn er vom Schreiben einer Geschichte als dem Niederschreiben eines Traums spricht. Beim Eintauchen in das Geschehen versinkt die Realität um uns herum und wir schreiben wie in Trance. Dasselbe passiert beim Lesen. Wir werden von dem Inhalt gefesselt, und erleben die Bewegungen, Gedanken und Gefühle der Leitfigur Schritt für Schritt mit.

Dies geschieht auch beim Überarbeiten Ihres Werkes. Sagt die Leitfigur jetzt etwas anderes, etwas Zusätzliches oder schweigt sie gar? Setzt sie sich oder steht sie lieber? Welche Gedanken hat sie im Moment und was sieht, schmeckt und fühlt sie?

Wiederträumen kann zu einer neuen Geschichte führen. Das wird schnell kontraproduktiv, wenn Sie nicht mehr aus diesem Kreis des Wiederträumens = Umschreibens herauskommen, denn spätestens bei der neuerlichen Überarbeitung mag dasselbe erneut passieren – mit dem Ergebnis, dass Sie nie fertig werden. Der Prozess des Vorplanens, Schreibens und Überarbeitens ist mühsam, und oft hilft nur ein Blick auf die ursprüngliche Idee, um sich zu erinnern, was man eigentlich schreiben wollte. Erleben Sie also die Szene oder das Kapitel nach, um etwaige Aussagen, Themen oder Motive stärker hervorzuheben, oder um den Lesefluss zu verbessern. Verwerfen Sie Ihren Plot allerdings nur dann, wenn es wirklich nicht anders geht.

1.1.8 Fazit

Das Schreiben eines Romans ist ein langwieriger Prozess. Selbst erfahrene Schriftsteller brauchen Zeit zur Vorarbeit, in der sie Ideen recherchieren, Figuren aufbauen und Konzepte entwickeln. Das Schreiben selbst verzehrt ebenfalls einige Monate.

Schriftsteller verkaufen oft zuerst das Exposé und schreiben dann dem Abgabetermin entgegen. Mitunter kann es dabei sehr knapp zugehen, wenn zum Beispiel ein Anfang September unterschriebener Vertrag eine Abgabe Mitte Dezember verlangt. Da bleibt nicht viel Zeit zum Herumdoktern. Die Vorplanung muss stehen und stimmig sein.

Es gibt auch die umgekehrte Version. Sehr erfolgreiche Schriftsteller präsentieren ihr fertiges Werk dem Verlag, der es dann so nimmt, wie es ist. Manche Schriftsteller, wollen jedoch ihrem intuitiv aufgebauten Schreiben treu bleiben. Jeder nach seiner Fasson, denn am Ende zählt nur, dass ein verkaufsfähiges Manuskript herauskommt.

1.2 Schreiben als Handwerk

Moment mal! Schreiben lernt man in der Grundschule!

Das stimmt. Aber nur solange, bis das Wörtchen „aber" ins Spiel kommt. Wir reden hier vom professionellen Schreiben, vom Schreiben als Beruf, selbst wenn es bloß als Nebenjob erachtet wird. Jeder Beruf erfordert eine Lehrzeit und beruht auf Arbeit. Es wäre blauäugig zu glauben, dass man einfach so, quasi aus dem Stegreif, einen Roman schreiben kann. Obwohl es immer Ausnahmen gibt, gilt auch für die Schriftstellerei, dass nur harte Arbeit und Ausdauer zum Erfolg führen.

Welches Handwerkszeug braucht der angehende Schriftsteller? Stellen Sie sich vor, sie möchten ein Haus aus Ziegelsteinen bauen.

1. Das Fundament ist eine sichere Rechtschreibung und Interpunktion sowie die Beherrschung der Grammatik.

2. Ihre Wände sind typische Handwerkszeuge der Schriftstellerei:

- Perspektive
- Figurenentwicklung
- Szenenaufbau

3. Das Dach besteht aus:

- Darstellung von Emotionen
- Motivierte Reaktions-Sequenzen
- Dramaturgie des Plots

Schauen wir uns nun einige dieser Bausteine im Detail an, wobei zu den meisten bereits diverse Ratgeber veröffentlicht wurden. Wer die Grundsätze der Perspektive begriffen hat, kann bewusst die Wahl treffen, welche für seine Geschichte am besten geeignet ist. Die verschiedenen Perspektiven werden im Kapitel 4.6 besprochen. Figurenentwicklung ist Thema des Kapitels 2.5.

1.2.1 Motivierte Reaktions-Sequenzen

Hinter diesem sperrigen Begriff verbirgt sich nichts anderes als ein folgerichtiger Aufbau der Ereignisse auf der Absatzebene. Dwight Swain hat sie als MRU (Motivational Reaction Units) in seinem Buch „Techniques of The Selling Writer" beschrieben. Sie ermöglichen einen reibungslosen Lesefluss sowie ein tiefes Miterleben der Geschehnisse. Zuerst sieht die Figur etwas, dann reagiert sie darauf. Nicht umgekehrt. Das Prinzip ist:

Auslösendes Ereignis –> Reaktion der Figur –> Aktion der Figur.

Beispiel:

Der Ball sprang auf sie zu (auslösendes Ereignis).
Sie erschrak (Reaktion der Figur).
Sie hob die Hände und fing ihn (Aktionen).

Allzu häufig wird die logische Sequenz dem Stil geopfert:

Sie fing den Ball, der auf sie zusprang.

Das bedeutet, wir (die Leser) sehen zuerst, wie sie einen Ball fängt und erst dann, woher er kommt.

Ein anderes Beispiel:

Sie sprang zur Seite, als das Auto knapp an ihr vorbei fuhr.

Richtig wäre:
Als das Auto knapp an ihr vorbei fuhr (Auslöser), sprang sie zur Seite (Reaktion).

Bei kleinen Halb- und Nebensatzkonstruktionen ist eine umgedrehte Reihenfolge zwar weniger ein Problem, weil unser Auge schnell darüber hinwegliest und das Gehirn die Vorgänge und

Zusammenhänge richtig sortiert, aber wenn es sich um mehrere Sätze oder gar ganze Absätze handelt, wird das Lesen mühsam, und Sie laufen Gefahr, dass der Leser den Faden verliert.

Der Leser soll immer die Möglichkeit haben, die Vorgänge Schritt für Schritt nachvollziehen und miterleben zu können. Dazu müssen sie in der logischen Reihenfolge erscheinen. Mehr steckt nicht hinter den MRUs, aber was in ihnen steckt, ist eine ganze Menge. Sie bilden zudem den Grundstein für flüssiges Schreiben und demzufolge für flüssiges Lesen.

1.2.2 Von der Szene zum Plot

Logische Sequenzen finden wir nicht nur in der Abfolge von Sätzen, sondern auch im Zusammenhang der Ereignisse. Im Plot baut ein Ereignis auf das andere auf und ergibt so eine logische Kette, die sich durch die Geschichte zieht.

Nachdem wir uns die Aktion/Reaktions-Einheiten betrachtet haben, folgt ein gut durchdachter Szenenaufbau mit Konflikten und einem Höhepunkt. Eine Szene ohne Konflikt, Dilemma oder Konfrontation ist langweilig. Natürlich kann und darf so eine Szene vorkommen, aber ihre Anzahl sollte möglichst gering gehalten werden.

Zu diesem Themenkreis wird auch der Kapitelaufbau gerechnet. Entweder ergeben mehrere Szenen ein Kapitel, oder jede Szene entspricht einem Kapitel. Manche Geschichten verlangen kurze Kapitel, andere extrem lange.

Auch hier gilt, dass ein logischer Zusammenhang zwischen den Szenen hergestellt werden muss – außer Sie schreiben experimentelle Prosa.

Zu guter Letzt kommt der Plot in unseren Betrachtungen an die Reihe, der mit seiner Dynamik, Logik und Dramaturgie über Wohl und Wehe Ihres Buches entscheidet. Diesem Baustein ist dieser Ratgeber gewidmet.

2. Die ersten Schritte

Selbst die längste Reise beginnt mit dem ersten Schritt. Haben Sie Ihr Manuskript bereits geschrieben, oder sind Sie noch beim Planen? Im jeden Fall stehen Sie vor einer großen Aufgabe, die nur mit Durchhaltevermögen und dem Willen zur Revision bewältigt werden kann. Im ersten Schritt – entweder zu einem neuen Plot oder zur Revision eines alten – gliedern wir die einzelnen Komponenten auf und fragen: Wodurch wird der Plot beeinflusst?

- Idee
- Genre
- Thema
- Setting
- Protagonist(en)
- Antagonist(en)
- sowie deren Hintergrundstorys

Diese Grundbausteine bestimmen den Plot. Sie geben ihm Fluss und Flussbett gleichermaßen. Stellen Sie sich den Plot als einen Fluss vor, auf dem der Leser in das Boot des Protagonisten steigt. Wohin soll die Reise gehen, wohin wollen Sie ihn entführen? Welche Helden und Bösewichte sollen ihn in den Bann ziehen? An was soll er sich selbst nach zwanzig Jahren noch erinnern?

In erster Linie wird der Plot durch die Figuren bestimmt, denn ihre Handlungen treiben die Geschichte voran. Hierzu brauchen die Charaktere eine Hintergrundgeschichte, die darüber informiert, was sie vor Beginn der Erzählung getan haben, damit ihre heutigen Entscheidungen nachvollziehbar sind.

Schauplätze unterstützen den Plot, was nicht heißt, dass diese bis ins Detail beschrieben werden müssen. Trotzdem können sie wichtig sein. Stellen Sie sich eine Geschichte vor, die an Bord eines U-Boots spielt, und dann, wie sie in einer Großstadt ablaufen würde. Wie wirkt sich die Enge eines U-Boots auf die Stimmung und die Figuren aus, und wie die Straßenschluchten einer Großstadt?

Ein guter Autor überlässt nichts dem Zufall. Er baut alle Komponenten des Plots so aufeinander auf, dass am Ende eine unvergessliche Geschichte herauskommt.

2.1 Die Idee

Der erste Schritt beginnt mit der Idee

Sie wollen über eine Frau schreiben, die mit ihren Kindern aus dem Oberbayrischen auf die ostfriesische Insel Spiekeroog zieht, und dort nach einigen Abenteuern das Glück ihres Lebens findet. Oder über einen Buchhalter, der sein Leben lang von einem Luxusauto träumt. Oder einen Fantasy-Roman, in dem die Heldin den Helden vor den bösen Mächten rettet. Die Möglichkeiten sind endlos.

Die Idee geistert durch unsere kreativen Hirnräume und setzt sich dann irgendwo fest. Doch wie soll ich beginnen, wie forme ich aus dieser vagen Idee ein Buch?

Schreiben Sie sie nieder und rahmen Sie sie
rot ein. Es hilft einem, sich im weiteren Verlauf
des Schreibprozesses ab und zu an die Ur-
sprungsidee zu erinnern.

2.2 Vorab ein paar Fragen

Um was soll's denn gehen?
Für die Vorplanung haben sich das Niederschreiben der Idee sowie die Beantwortung folgender Fragen als günstig erwiesen:

1. Über was wollen Sie schreiben?
2. Wessen Geschichte wird es?
3. In welchem Genre?
4. Wer will was und warum?
5. Wer oder was steht diesen Zielen entgegen?
6. Wer steht am Ende wo?

Die beantworteten Fragen stellen nicht nur das
Minimum für den Drauflosschreiber dar, sondern bilden das Startkapital für den Planer. Sie
eignen sich auch für diejenigen, die sich im Plot
ihres anstehenden Projekts verlaufen haben
und nun einen Ausweg suchen.

2.3 Worüber wollen Sie schreiben?

Die Idee zu einer Story ist zwar die Basis für
den Plot, wird aber selten von den angehenden
Schriftstellern ausformuliert. Sie begnügen sich
mit dem Vagen, das wolkengleich in ihrem Hirn
herumgeistert. Dabei könnten sie sich viel

Kummer und Arbeit ersparen, würden sie ihre Idee in Worte fassen. Später, wenn das Exposé geschrieben wird, stellen sie plötzlich fest, dass sie gar nicht wissen, um was es in ihrer Story überhaupt geht.

Dabei ist es so einfach: Die ausformulierte Story-Idee hilft, den roten Faden zu finden. Thema und Plot verbergen sich in der Idee, und zwar nicht diffus, sondern ganz konkret. Wie kommt man nun zu einer handlichen Formulierung der Story-Idee?

Antwort: Indem man den folgenden Satz ergänzt:

Ich möchte ein Buch schreiben über ...

- die Liebe.
- Hass, der einen Menschen zur Verzweiflung treibt.
- zwei Brüder, die eine Hassliebe verbindet.
- den Krieg der Trolle gegen die Elfen.
- eine Frau, die ihre Ängste überwindet und ihr Glück findet.
- ein Waisenkind, das den Mörder seiner Eltern überführt.

Es lohnt sich, die Idee auszuformulieren, denn daraus ergibt sich ein roter Faden, ein Thema des zukünftigen Buches. Je konkreter Sie dabei werden, desto leichter werden Ihnen die nächsten Schritte fallen.

2.3.1 Das Thema

Wir beschäftigen uns eher unbewusst mit dem Thema eines Buches, vor allem wenn es unser erstes ist. So dreht sich mancher Fantasy-Roman um die Themen Abenteuer und Liebe, ohne dass wir dies ausformuliert haben. Ernste Literatur befasst sich wesentlich tiefergreifender mit einem Thema als Unterhaltungsliteratur.

Wozu brauchen wir ein Thema? Es hilft uns bei der Auswahl der Figuren, Szenen und Konflikte. Es kann auch nützlich sein, wenn wir noch keine konkrete Vorstellung haben, wie die Helden und das Setting aussehen sollen. Themen gibt es wie Sand am Meer. Meistens werden sie durch ein Wort beschrieben:

- Liebe
- Hass
- Treue
- Loyalität
- Betrug
- Neid
- Eifersucht
- Habgier
- Abenteuerlust
- Entdeckungsdrang
- Ausländerfeindlichkeit
- Vorurteile
- Dekadenz
- Machtstreben
- Menschenschmuggel
- Heldentum

Diese Liste ließe sich beliebig fortsetzen. Versuchen Sie es!

Hat man ein Thema gewählt, sollte sich der Plot darum drehen. Es stellen sich folgende Fragen:

- Welche Figuren unterstützen es?
- Welche Szenen passen dazu?
- Existiert ein Setting, das die Stimmung besonders gut widerspiegelt?

Ort, Handlung und Figuren sollen das Thema unterstützen und es unterschwellig transportieren. Ist das Thema „Liebe", spiegelt sie sich in all ihren Facetten in den einzelnen Szenen wider. Der Held wird aus Liebe etwas tun, wozu er unter normalen Umständen nicht bereit wäre.

Gleichzeitig entspricht das Thema oft der Motivation der Leitfigur, aber darüber reden wir später.

Brauchen wir ein Thema? Nicht unbedingt, aber oft verarbeiten wir das Thema unbewusst. Oder das Thema entspringt dem Genre, in dem Sie schreiben: Liebe/Liebesroman. Das ist natürlich am einfachsten.

2.3.2 Der Stoff und das Motiv

Wer erinnert sich nicht an die Deutschstunde, in der ein Thema für einen Aufsatz vorgegeben wurde: „Ferien", oder konkreter „Wie hast du deine Sommerferien verbracht?"

Während das Thema „Ferien" noch viele Möglichkeiten zulässt, grenzt die zweite Fragestellung die Möglichkeiten ein. Da „Sommerferien" bereits eine Handlung und eine Struktur aufweisen, spricht man von einem Stoff. Das Thema unterscheidet sich vom Stoff dadurch, dass es weit gefasst, abstrahiert und strukturlos ist, während der Stoff bereits ein Handlungsgerüst hat. Der Stoff kann aus der nichtfiktionalen Literatur, aus der Geschichte oder aus bereits vorhandenen Dichtungen entnommen werden.

- Thema: Krieg
- Stoff: Schlacht von Waterloo
- Thema: Liebe
- Stoff: Meine erste Liebe
- Thema: Sich verirren
- Stoff: Märchen Rotkäppchen

Der Begriff „Thema" ist in Bezug aufs Schreiben in Deutschland nicht so gebräuchlich wie in den angelsächsischen Ländern. Wir sprechen eher von „Stoff" oder „Motiv".

Das Motiv ähnelt eher einem Symbol, das entweder figürlich oder ein sich ständig wiederholender Begriff, aber auch ein Satz sein kann. Dabei sollte das Motiv das Thema widerspiegeln oder zumindest mit ihm verbunden sein. So wäre z.B. ein Rosenkranz, den der Held in Stresssituationen durch seine Finger gleiten lässt, ein Symbol für seinen Glauben oder seine Meditationsfähigkeit.

Für unsere Zwecke erscheint jedoch das Thema als das brauchbarste Mittel, einen kohärenten Stoff für unsere Geschichte herzustellen, der manchmal schon als Plot bezeichnet wird, wobei dieser als die kausale und logische Verknüpfung von Handlungen der Figuren definiert werden kann.

2.3.3 Die unbeliebte Prämisse

Prämisse – was ist das denn? Manche Autoren und Ratgeber – hauptsächlich aus dem englischsprachigen Raum – schwören auf sie. Sie kann nützlich sein, um die Geschichte zu fokussieren und der Handlung Tiefe zu verleihen und soll deshalb nicht unerwähnt bleiben. Lajos Egri hat sie 1946 in seinem Buch „The Art of Dramatic Writing" eingeführt. James N. Frey gibt weitere Erklärungen in seinen Büchern „Wie man einen verdammt guten Roman schreibt" Band 1 und 2.

Zunächst muss darauf hingewiesen werden, dass das Wort „Prämisse" oft unterschiedlich interpretiert wird. Im ersten Schritt ist die Prämisse eine Behauptung oder eine Voraussetzung, die eine Konsequenz beinhaltet. Die allgemeine Gültigkeit einer Prämisse muss nicht bewiesen werden, sondern dient lediglich für diesen einen Roman als Kausalzusammenhang von Thema und Handlung; ganz im Gegensatz zu einer These, deren Gültigkeit im Text einer wissenschaftlichen Abhandlung bewiesen werden muss.

Da wir jedoch keine schreiben, reicht es, sich eine Prämisse auszudenken. Sie kann als Kurzzusammenfassung verstanden werden. In ihr sind Figur, Konflikt und Schlussfolgerung enthalten.

Hier einige Prämissen zum Thema Liebe:

„Geschwisterliebe führt zum Sieg über den landgierigen Nachbarn": Zwei Brüder, obwohl seit Jahren verfeindet, schließen sich zusammen und besiegen so den Nachbarn, der sich ihr Land unter den Nagel reißen will.

„Blinde Eifersucht führt zum Selbstmord": Ein Mann ist dermaßen eifersüchtig, dass er sich tötet, als seine Angebetete einen anderen heiratet.

Betrachtet man nun die Prämisse und vergleicht sie mit Szenen, die man für die Figur geplant hat, beinhaltet der erste Teil der Prämisse nicht nur das Thema, sondern auch den Konflikt.

Geschwisterliebe: Offenbar handelt das Buch über weite Strecken von Konflikten zwischen Brüdern – nicht mit ihren Frauen oder Freunden wohlgemerkt. Erst am Ende wird der Konflikt überwunden, um das gemeinsame Ziel zu erreichen.

Es kann mehrere Prämissen in einem Roman geben, die sich mit dem Fortschritt der Handlung ändern. Man erhält so eine Kausalkette:

Hunger führt zum Gebrauch des Autos. Der Gebrauch des Autos führt zu einem Verkehrsunfall. Der Verkehrsunfall führt zum Benutzen der Straßenbahn. Das Benutzen der Straßenbahn führt zur Haltestelle. Die Haltestelle führt zu einem Burgerladen gegenüber. Der Burgerladen führt zum Kauf eines Hamburgers.

Das Beispiel mag unsinnig klingen, soll aber nur verdeutlichen, wie eine logische Abfolge dem Plot dient.
Braucht man ein Thema und eine Prämisse? Nicht unbedingt, aber beides hilft, damit der Text an Bedeutung und Tiefe gewinnt.

2.4 Das Genre

Welches Schubfach darf es denn sein?

Ein historischer Liebesroman, ein historischer Krimi oder ein dystopischer Thriller?
Genres gibt es viele, da ist für jeden Geschmack etwas dabei. Krimis und Thriller, Abenteuer-, Liebes- und Entwicklungsromane, dazu noch SciFi-, fantastische und historische Romane stapeln sich in den Regalen der Buchhändler. Neben den Genres steht die Nicht-Genre Literatur.
Jedes Genre hat Subgenres, Unterkategorien und Kreuzungen, die so genannten Cross Genres. Oft folgt ein Plot einem Hauptgenre und weist Elemente eines weiteren auf.
Krimi mit Liebesgeschichte
Liebesgeschichte mit Krimielementen
Abenteuer mit Liebesgeschichte
Wichtig ist, von dem ausgewählten Genre gelesen – viel gelesen – zu haben. Dann stellt man fest, dass Liebesromane bestimmten Konventionen unterliegen, die sich von denen eines Krimis oder Thrillers unterscheiden. Ein Wort der Warnung: Genrekonventionen lassen sich

nur schwer aufbrechen. Daher ist es besser, sie zu kennen und weitgehend zu beachten.

2.4.1 Genres gibt es viele

Jemand soll einmal um die einhundert Untergattungen oder Subgenres des Liebesromans gezählt haben. Erotika, Sado-Maso und Porno stellen das eine Extrem der dargestellten Sexualität im Roman dar, Regency-Romane – das sind Liebesromane, die im prüden 19. Jahrhundert zur Zeit des britischen Königs Edward spielen – das andere. Kriminalromane kommen ebenfalls in unzähligen Varianten vor; vom guten, alten Detektivroman, bis hin zur Romantic Suspense, die eigentlich als ein Subgenre des Liebesromans betrachtet werden kann. Nicht zu vergessen den Romantic Thriller.

Doch zuerst zu den Hauptkategorien der fiktiven Romane. Das Wort „fiktiv" steht für erfundene Geschichten, die durchaus einen realen Hintergrund haben können. Es gibt auch den englischen Begriff „faction" für reale Geschichten, die in einem fiktiven Umfeld eingebettet werden. Genreliteratur steht der literarischen gegenüber, obwohl die Grenzen fließend sind. Sie muss nicht reine Unterhaltungsliteratur sein, denn gerade die Genreromane, die einen bleibenden Eindruck hinterlassen, behandeln oft ein Thema oder einen Stoff.

Warum ist das Einsortieren Ihres Projektes in eine Schublade wichtig? Der Verlag hat für jede Gattung eine Anzahl von Programmplätzen zur Verfügung, die er mit Autoren - am liebsten

Stammautoren - besetzt. Er schickt seine Vertreter, bewaffnet mit einem Waschzettel, auf dem kurz und bündig die Eckdaten und der Pitch Ihres Romans vermerkt sind, zu den Buchhandlungen. Als was soll der Vertreter nun Ihren Von-jedem-etwas-Roman anbieten? In den Buchhandlungen werden Sie unter anderem folgende Regalbezeichnungen finden:

Liebesromane
Kriminalromane
Thriller
Horror
Historische Romane
Fantasy/Fantastische Romane
Entwicklungsromane
Jugendbücher
Kinderbücher

Jugend- und Kinderbücher werden nach Altersbereich aufgeteilt. Zum Beispiel gibt es „Young Adult" mit Protagonisten ab 14 bis 21, und das neue Genre „New Adult" mit Helden im Alter zwischen 18 und 25. Beide Genres behandeln leicht unterschiedliche Thematiken und sind auch für Erwachsene lesbar.

Die Unterscheidung der Fantasy geht ebenfalls viel tiefer ins Detail. Treten magische, paranormale und unnatürliche Elemente in Ihrer Geschichte auf, handelt es sich um einen Vertreter der Fantastik Gattung, von der „Fantasy" eine Unterkategorie ist.

Tierromane, aus der Perspektive des Tieres erzählt, und Märchen fallen ebenfalls darunter. Fantastik unterscheidet sich von Realweltromanen durch das Auftreten von unnatürlichen Elementen, während Fantasyromane ganz bestimmte Merkmale aufweisen. Im Nachfolgenden ein Versuch, die einzelnen Subgenres zu kategorisieren:

- High Fantasy: erfundene Welt und fiktive Elemente, wie zum Beispiel Magie. Manche Figuren haben erfundene Eigenschaften.

- Low Fantasy: erfundene Welt, aber keine Magie. Zumindest die Hauptfiguren haben keine erfundenen Eigenschaften.

- Urban Fantasy: reale Welt mit fiktiven Elementen, wie zum Beispiel Vampire und Engel.

- Dark Fantasy: Horrorgattung der High und Urban Fantasy.

Ein paranormaler Roman mit Geistern oder unheimlichen Geschehnissen ist nicht unbedingt ein Fantasyroman – wobei es mitunter schwer ist, klare Grenzen zu ziehen. Manchmal findet sich die Aufklärung eines paranormalen Phänomens unter der Kategorie „Mystery" – dabei dreht sich der Hauptplot um die Lösung der Rätsel, während bei der Fantasy das unwirkliche Phänomen ein Handwerkszeug oder Teil der Figur ist.

Das zweite Kennzeichen ist die Zeit, in der der Roman spielt: Vergangenheit, Gegenwart oder Zukunft.

Romane, die in der Gegenwart spielen, erhalten keine eigene Bezeichnung, denn der Begriff zeitgenössisch verweist meistens auf literarische Gesellschaftskritik.

Geschichten der Vergangenheit tummeln sich in der Ecke des historischen Romans, wobei im englischsprachigen Raum älter als fünfzig Jahre kategorisch als historisch eingestuft wird, während in Deutschland die Existenz von Zeitzeugen als Kriterium zählt. So gilt der Erste Weltkrieg in Deutschland als historisch, der Zweite zum Zeitpunkt 2014 hingegen noch nicht – im Gegensatz zu Großbritannien, das Romane über den Zweiten Weltkrieg als historische Fiktion behandelt.

Um als historischer Roman zu gelten, muss es einen Bezug zu mindestens einer historischen Person oder einem Ereignis geben, wobei allerdings im historischen Liebesroman die Darstellung der Historie oft zweitrangig behandelt wird.

Zukunftsromane werden nach ferner oder naher Zukunft unterschieden, wobei diese bereits eigene Genres sind. Bei den Zukunftsromanen hat sich vor allem Science Fiction als eigenständiges Genre herausgebildet. Daneben gibt es dystopische und utopische Weltszenarien, je nach pessimistischer/apokalyptischer oder optimistischer Grundstimmung. Der Ausgang einer Dystopie ist oftmals negativ, darf aber auch durchaus positiv enden.

Doch wozu das Ganze mit den Genres? Weil mit ihnen und ihren Gattungen und Unterkategorien bestimmte Konventionen über Thematik und Stil einhergehen. Sie spiegeln die Erwartungshaltung der Leser wider. So erwartet die Liebhaberin eines Liebesromans einen Helden, der besser aussieht, sportlicher, edler, großzügiger, liebevoller, einfach toller ist als das Exemplar, das sie eventuell Zuhause auf der Couch liegen hat. Im Frauenroman dagegen dürfen die Männer ruhig fehlerbehaftet sein. Oder wie in manchen modernen Krimis, in denen die Kommissare fast schon zu skurril werden.

2.4.2 Die Kernfragen der Genres

Jedes Genre wirft eigene Fragen auf, die den Plot vorantreiben, und die der eingefleischte Liebhaber des Genres beantwortet haben möchte. Das Genre vorher festzulegen ist wichtig, denn es gibt uns die Kernfrage und indirekt die Zielgruppe der Leserschaft vor. Sie muss am Ende des Buches beantwortet sein. Alle Handlungen – oder zumindest die meisten – sollten sich um das Auflösen der Kernfrage drehen.

Selbst in Geschichten des sogenannten „Cross-Genres" – also mit Elementen zweier oder mehrerer Genres – sollte es eine überwiegende Kernfrage geben. Verlage tun sich generell schwer mit Geschichten, die weder in die Gemüse noch in die Obstabteilung passen.

- Was ist geschehen? Die Frage des Mystery Romans

- Wer war der Täter? – Die klassische Frage des Krimis, eine Gattung der Mystery Romane.

- Kann das Verbrechen verhindert werden? Der Thriller.

- Was wird geschehen? Der Spannungsroman, im englischen „Suspense".

- Warum ist etwas geschehen? Der psychologische Spannungsroman. Er lebt von dieser Fragestellung.

- Kommen die zwei zusammen? Richtig, der Liebesroman.

- Wird der Held überleben? Der Abenteuerroman.

Es gibt noch viele Fragen, die sich so formulieren lassen und die das Hauptelement präzisieren. Wird sie sich in die neue Umgebung einleben? Wird er die Krankheit überwinden? Wird sie ein neues Glück finden?
Mehr dazu in einem späteren Kapitel.

2.5 Die Figuren

Wo kommen sie her, wo wollen sie hin?

Da ziehen sie hin, die Helden von Sparta, 300 an der Zahl. Ich bin eine Autorin, die es liebt, den Plot zu bevölkern und möglichst alle

Hauptakteure auf den ersten drei Seiten vorzustellen, und diesem Drang gilt es zu widerstehen.

Hier geht es aber nicht um deren Anzahl und wie viele Perspektiven ein Buch verträgt, sondern um die Wichtigkeit, die Figuren kennengelernt zu haben, bevor sie in Aktion treten. Allerdings ist es absolut in Ordnung, wenn sich erst beim Schreiben etwas Neues ergibt, sich eine Charaktereigenschaft auftut, die anfangs noch im Verborgenen schlummerte. Kein Problem, denn dafür gibt es Revisionen. Trotzdem sollten dem Autor die Eckdaten und wichtigen Charakterzüge von der ersten Seite an bekannt sein.

Daher empfiehlt es sich, den Hauptfiguren von Anfang an klare Ziele und Motivationen mitzugeben, aus denen sich innere Reibungspunkte ergeben können. Wir wollen ja spannende und interessante Charaktere kreieren, denen der Leser gern durch die nächsten vierhundert oder fünfhundert Seiten folgt. Spannende Figuren sind nicht glatt und perfekt, sondern haben Ecken und Kanten und sind oft mit sich selbst im Unreinen.

Der Leser möchte sich mit der Hauptfigur identifizieren können. Ein Held oder eine Heldin sollte daher erkennbare Charaktermerkmale haben, die wir als gut oder sogar als nobel empfinden. Dabei muss der Held nicht perfekt sein, denn das wäre langweilig. Er muss noch nicht einmal der Gute sein, solange er Eigenschaften aufweist, die wir mit unserem Moralempfinden vereinbaren können. Ein weiteres Identifikationsvehikel ist Mitleid, oder einfach eine Figur wie du und ich, die sich mit den uns bekannten Alltagsproblemen herumschlägt.

Der innere Zwiespalt eines Menschen interessiert uns, denn wir alle kennen den inneren Widerspruch, der uns bei Entscheidungen schwanken lässt, der uns ein schlechtes Gewissen einredet. Der innere Konflikt ist einfach menschlich. Ihn einer Figur mitzugeben ist eine gängige Methode, den Leser mitfühlen zu lassen, vor allem, wenn es sich um einen nachvollziehbaren Widerstreit der Gefühle handelt. Überraschende Hobbys oder Eigenschaften eines Helden – besonders wenn sie einem Klischee widersprechen – wirken ebenso: der klavierspielende Geheimagent zum Beispiel. Sie drücken einen inneren Widerspruch aus und erweitern sein Handlungsrepertoire.

Helden in primären Notlagen, bekommen ebenfalls unser Mitgefühl. Primäre Notlagen bedrohen Leib und Leben des Helden oder einer ihm nahestehenden Person. Eine Mutter, die ihr Kind verliert, hat sofort unser Mitleid. Ein Kind, das einsam und verlassen an einer Straßenkreuzung steht, löst in uns sofort den Wunsch aus, ihm zu helfen.

Kurzum, Eigenschaften oder Situationen, die wir leicht nachempfinden können, erregen unsere Bereitschaft, zusammen mit der Heldin durchs Buch zu ziehen. So gesehen brauchen wir nicht nur die Kernfragen der Geschichte, um ein erfolgreiches Buch zu schreiben, sondern müssen auch Interesse am Wohlergehen der Leitfiguren wecken.

Äußere Konflikte sollten möglichst durch Nebenfiguren ausgelöst werden, obgleich dies auch durch den Kampf gegen die Elemente oder die Zeit erfolgen kann. Was bedeutet innerer und äußerer Konflikt überhaupt? Innere Konflikte, Bedürfnisse, Wünsche und Träume entstehen aus unserer derzeitigen Situation, aus unserer Vergangenheit und aus unserer Persönlichkeit. Sie sind mitunter derart in uns einprogrammiert, dass wir sie nicht einmal benennen können. Erziehung der Eltern und Einflüsse von außen, Schule, Freunde prägen uns, und erst mit dem Erwachsenwerden beginnen wir, eigene, rationale Entscheidungen zu treffen – und selbst die basieren auf unserem Erfahrungsschatz.

Selbstverständlich gibt es viele Facetten eines Menschen, aber für einen plausiblen Plot brauchen wir vor allem eine Kombination aus seinen Hauptzielen und seiner Motivation.

2.5.1 Die Archetypen

Den Begriff „Archetyp" hat der Psychologe Carl Jung auf bestimmte Persönlichkeitsstrukturen angewandt. Dabei hat er zwölf Archetypen, die uns alle sehr vertraut sind, definiert:

Das Kind
Der Held
Der Märtyrer
Die Mutter
Der Philosoph
Der Weise
Die Unschuldige
Der Gauner

Der Teufel
Die Vogelscheuche
Der Mentor
Der Krieger

Einige wiedererkannt? Bestimmt, denn viele dieser Archetypen finden wir in der Literatur stets aufs Neue, wenn auch in leicht abgewandelter Form.

Die Archetypen lassen sich nach ihrem Lern- und Konfliktverhalten einteilen. Nach der Lehre von Carl Jung entwickeln wir uns von einem Archetypus zum andern, je nach Situation und Lernzustand.

Findige Schriftsteller haben aus den Jungschen Archetypen jene ausgesucht und weiterentwickelt, die sich für Geschichten eignen. Welche das sind und wie sie einen Plot befördern, soll an anderer Stelle erörtert werden.

Wozu das Ganze? Ich vergleiche gern das Kreieren von interessanten Figuren in der Literatur mit der Fähigkeit eines Karikaturisten, der mit wenigen Strichen die Charakteristika eines Gesichts und somit auch des Menschen zu Papier bringt. Man nennt das „Die Kunst des Minimalisierens bei erhaltener Aussagekraft" – und hierbei helfen uns die Archetypen.

Angst vor dem Stereotyp, dem Klischee? Die Verwendung eines Archetypus ist nicht mit einem Klischee gleichzusetzen. Erst das Überstrapazieren von bestimmten Archetypen in bestimmten Plots unter Vernachlässigung ihrer individuellen Charaktereigenschaften und Wandlungsfähigkeiten produziert ein Klischee.

Allerdings ist Vorsicht geboten, wenn dem drohenden Klischee durch einen fehlerbehafteten Helden vorgebeugt werden soll. Manche dieser Fehler wirken nämlich wie aufgeklebt und an den Haaren herbeigezogen. Das muss nicht sein, denn jeder Archetyp hat seinen eigenen Freiraum von Individualität und ein Set von möglichen Fehlern, die sich ganz natürlich einfügen. Auch das Hobby des Superhelden, Briefmarkensammeln, soll motiviert sein, sonst wirkt es künstlich oder gar lächerlich.

Wie effektvoll Archetypen eingesetzt werden können, sehen wir am folgenden Grundplot:

„Ein Waisenjunge wird von seinem Onkel aufgezogen. Während dieser Zeit hält ein alter mächtiger Zauberer/Krieger schützend die Hand über ihn. Als der Junge ein bestimmtes Alter erreicht, klärt ihn der alte Zauberer/Krieger über seine Herkunft auf und hilft ihm, seine magischen Kräfte zu entwickeln, bis er eines Tages in der Lage ist, den Tod seines Vaters zu rächen."

Hört sich dieser Plot bekannt an? Bestimmt. „Harry Potter", „Eragon", „Star Wars", um nur einige erfolgreiche Romane und Filme zu nennen, bauen auf dem Prinzip der Archetypen auf.

2.5.2 Ziel – Motivation – Konflikt

Ziel, Motivation und Problem sind die drei Dinge, die uns und unsere Helden bewegen. Ziele und die Motivation, sie erreichen zu wollen, sind eng miteinander verbunden.

Jeder Held und jede Heldin unserer Geschichte sollte ein Ziel haben, selbst wenn es nur darin besteht, Ruhe zu finden. Um mit der Heldin mitfiebern zu können, möchten wir wissen, was sie will und auch, warum sie es will. Dieses Ziel ist der Leitfaden der Geschichte, und darin spiegelt sich oft die Kernfrage wider.

Den Zielen – ob von außen kommend oder aus inneren Bedürfnissen entsprungen – stehen Probleme gegenüber, die bewältigt werden müssen. Diese Probleme können wiederum von außen ausgelöst sein, wie z. B. durch äußere Umstände oder Personen, aber auch durch innere Widersprüche. Der Held kann in einen Zwiespalt geraten, wenn seine Prinzipien gegenläufig sind: Er will loyal sein, aber sein Pflichtbedürfnis verlangt es, illoyal zu handeln.

Motivation treibt uns an, die gesteckten Ziele zu erreichen.

Es gibt eine innere und eine äußere Motivation, „intrinsisch" und „extrinsisch" genannt. Extrinsische Motivationen sind zum Beispiel Gruppendruck und Belohnungen. Intrinsische können körperliche Bedürfnisse wie Hunger und Durst sein.

Warum wollen wir etwas, und was wollen wir damit erreichen? Wollen wir ein inneres Bedürfnis befriedigen, ist es der Wunsch nach Geborgenheit, nach Wissen, nach Anerkennung? Ändern Sie die Motivation der Hauptfigur und der gesamte Plot kommt ins Rutschen.

2.5.2.1 Die Ziele

Jeder Mensch hat ein Ziel, auch wenn es vielleicht auf den ersten Blick nicht so aussieht. Auch jemand, der nur seine Ruhe haben möchte, verfolgt ein Ziel – nämlich eben dieses.

Wir tun uns oft schwer, Menschen mit Zielen auszustatten, weil wir sie oft als zu ehrgeizig oder zu materialistisch empfinden, obgleich es auch edlere gibt, wie zum Beispiel humanitäre oder alltägliche. Wir unterscheiden zwischen inneren und äußeren Zielen, den Beweggründen und Konflikten. Der Begriff „äußere" bezieht sich dabei auf von außen gegebene Ziele, wie zum Beispiel Aufgaben im Rahmen einer zu erledigenden Arbeit. Innere Ziele dagegen werden durch das innere Wertesystem oder durch innere Bedürfnisse bestimmt.

Bleiben wir einen Moment beim äußeren Ziel. Es kann so groß sein wie das Retten der Erde, oder so klein wie ein Lebensmittelkauf, wobei – und hier wird es kompliziert – ein Lebensmittelkauf durchaus mit dem inneren Ziel der Sättigung zu tun haben kann.

Noch interessanter sind allerdings innere Ziele, die einen Wunsch, einen Traum oder gar ein Bedürfnis stillen wollen. Diese sind oft im Unterbewusstsein angesiedelt. Ebenso muss das Bedürfnis einer Romanfigur nicht immer gleich erkennbar sein, es kann ebenfalls im Verborgenen schlummern. Die Aufgabe des Autors ist es dann, dieses Bedürfnis den Leser spüren zu lassen, ohne es explizit anzusprechen.

Es kann also mehrere Ziele geben, ja sogar übergeordnete und globale.

Herr der Ringe:
- Frodos äußeres Ziel ist die Vernichtung des Rings.
- Sein inneres Ziel ist die Wiederherstellung des Friedens.
- Das globale Ziel ist die Vernichtung Saurons.

Jedes dieser Ziele hat eine eigene Motivation und ihre eigenen Konflikte.

Am deutlichsten und am leichtesten nachzuvollziehen ist das Ziel zu überleben. Jemand, der um sein Leben rennt, braucht dieses Ziel nicht auszusprechen. Überleben ist ein inneres, primäres Bedürfnis, eine Notwendigkeit. Die Motivation dazu ist der Überlebenswille, der fest in uns einprogrammiert ist.

Die Ziele sind jetzt klar, aber was ist mit der Motivation?

Lisa, verheiratet und Mutter eines Sohnes, will aus ihrem oberbayrischen Heimatdorf nach Spiekeroog umziehen.

Der Umzug nach Spiekeroog ist das äußere Ziel. Aber warum will sie das?

Zusammenfassung der Ziele:

Innere Ziele sind von unseren oft unbewussten Wünschen und Bedürfnissen bestimmt.

Äußere Ziele werden uns von außen angetragen.

Der Wunsch der Verfolgung eines Ziels wird von der Motivation bestimmt.

2.5.2.2 Die Motivation

Wir stellen leicht Beziehungen zu Menschen her, deren Beweggründe zum Erreichen ihrer Ziele wir nachvollziehen können. Wir wollen verstehen, warum jemand etwas tut, wollen den Grund wissen.

Genau wie bei den Zielen kann auch hier zwischen äußerer und innerer Motivation - in diesem Fall extrinsisch und intrinsisch genannt - unterschieden werden.

Über Motivation und ihre Ursachen existieren viele Theorien, die besonders gern im Bereich Lernen/Lehren und Firmenpolitik angewendet werden. Wie kann der Mitarbeiter zu mehr Arbeitsleistung motiviert werden? Wie kann der Schüler motiviert werden, seine schulischen Leistungen zu verbessern?

Eine extrinsische Motivation wird wie bei den äußeren Zielen von außen erzeugt. Sie kann eine Belohnung sein, die die Heldin bekommen möchte: die Gehaltserhöhung, den Bonus, das Kopfgeld. Oder ein Lob, ein Lächeln, Applaus.

Diese von außen gegebene Motivation erzeugt ein äußeres Ziel. Eine von der Firma ausgesprochene Bonuszahlung für das frühzeitige Beenden des Projekts erzeugt das Ziel, das Projekt so schnell als möglich zu beenden. Der Grund, warum dieser äußere Anreiz stimulierend wirkt, kann in weiteren Motivationen versteckt sein. In diesem Beispiel wären das die wahren Gründe, warum die Bonuszahlung überhaupt ein Ziel auslöst. Ist die Heldin in Geldnot oder plant sie eine teure Reise, die sie sich sonst nicht leisten könnte? Oder benötigt sie das Geld für eine medizinische Behandlung ihres Kindes im Ausland? All dies sind immer noch äußere Beweggründe.

Eine intrinsische Motivation kann eine gelernte Erfahrung sein, oder ein körperliches oder soziales Bedürfnis, d. h. diese innere Motivation entspringt unserer Vergangenheit, unserem Erfahrungsschatz und genetischen Erbe. Ein extrovertierter Mensch wird wegen seines Bedürfnisses nach sozialen Kontakten eher auf Partys gehen als ein introvertierter.

Wenn wir als Kind gelernt haben, dass das Anfassen heißer Gegenstände mit Schmerzen verbunden ist, werden wir dies in Zukunft zu vermeiden suchen. Das Ziel ist das Vermeiden des Anfassens heißer Gegenstände, die Motivation die Vermeidung von Schmerzen.

Oder, Vater hat uns Ordnung und Pünktlichkeit eingebläut, und wir haben gelernt, dass wir bei Einhaltung dieser Tugenden von ihm Lob und Anerkennung bekommen. Als Erwachsene streben wir weiterhin danach, jetzt allerdings unbewusst, selbst dann, wenn der Vater nicht mehr gegenwärtig ist.

Spielen wir einmal mit Motivationen:
Georg Müller strebt intensiv nach einem Preisgeld, denn er träumt von einem Luxuswagen, …

- weil er viel unterwegs ist, ein Rücken-
  problem hat und Komfort für ihn wichtig
  ist?
- weil er auf die Sicherheit des großen Autos zählt und eventuell ein ausgeprägtes
  Sicherheitsbedürfnis hat?
- weil er ein Statussymbol braucht, da er
  aus ärmlichen Verhältnissen stammt?

Und hier der Umzug:
Lisa, verheiratet und Mutter eines Sohnes,
zieht von ihrem oberbayrischen Heimatdorf
nach Spiekeroog, weil sie dort eine neue Arbeitsstelle gefunden hat.
Lisa, verheiratet und Mutter eines Sohnes,
zieht von ihrem oberbayrischen Heimatdorf
nach Spiekeroog, weil ihr Ehemann dort eine
neue Arbeitsstelle gefunden hat.
Lisa, verheiratet und Mutter eines Sohnes,
zieht von ihrem oberbayrischen Heimatdorf
nach Spiekeroog, weil ihr Sohn an Asthma leidet.
Drei einfache Beispiele, in denen Lisa jeweils
eine plausible Motivation hat, die sofort zu drei
verschiedenen Geschichten führt, nicht wahr?
Sie erkennen jetzt vielleicht auch, dass es oft
nicht bei der ersten sichtbaren Motivation
bleibt. Hier ist das Hinterfragen mit „Warum?"
sehr hilfreich.
Warum will Georg das Preisgeld?
Weil er einen Luxuswagen will.
Warum will er einen Luxuswagen?
Weil er einen Minderwertigkeitskomplex hat
(negative Motivation).

Weil er auf seinen Reisen Komfort und Sicherheit braucht (positive Motivation). Wie bei dem altbekannten Kinderspiel hat das Hinterfragen mit „Warum?" seine Grenzen. Mehr als fünfmal sollten Sie nicht nach den wahren, verborgenen Motivationen fragen, aber ein bis zwei Mal lohnt sich immer.

Zusammenfassung Motivationen:

Die äußere (extrinsische) Motivation wird von außen an uns herangetragen, zum Beispiel durch einen Freund, Vorgesetzten oder den Angriff von Aliens.

Die innere (intrinsische) Motivation entstammt unseren inneren Bedürfnissen, Wünschen und Erfahrungen.

Es gibt zumeist verschiedene Ebenen von Motivationen, die zusammenspielen.

Motivationen sind der Treiber für das Erreichenwollen der Ziele.

2.5.2.3 Probleme, Hindernisse und Konflikte

Jede Geschichte sollte sich um mindestens ein Problem drehen und wie es vom Helden unter Beseitigung aller Hindernisse gelöst wird. Dabei ist es egal, ob es sich um einen Liebes- oder Abenteuerroman handelt. Auch Romane der sogenannten ernsthaften Literatur handeln von Problemen der Protagonisten.

Die Hindernisse können sowohl gegenständlich, wie zum Beispiel die Blockade einer Straße, als auch figürlich sein: der Mörder, der Chef, der Nachbar. Oder das Wetter und die

Natur betreffen: ein Schneesturm, ein Erdbeben, ein Tsunami.

Sie können auch Hindernisse im übertragenen Sinne sein: ein Zwiespalt, der durch zwei unterschiedliche innere Werte entsteht, oder eine Agoraphobie, die den Helden an sein Zuhause bindet.

Ein klassischer Problemauslöser ist der Antagonist, also der Gegner und Bösewicht. Er versucht dem Helden alles Mögliche in den Weg zu stellen. Der Mörder, der Dieb, der Weltenzerstörer, alle verkörpern den klassischen Gegner des Protagonisten. Protagonist und Antagonist stehen in einer Wechselbeziehung: Der Detektiv versucht, den Täter zu stellen, und der Täter versucht, den Detektiv daran zu hindern.

Dabei braucht der Antagonist nicht der klassische Böse sein. In Liebesromanen stellt der Auserwählte - im englischen „Love Interest" oder „Romantic Interest" genannt - oft das äußere Problem dar. Man denke nur an den Film „e-m@il für Dich", mit Tom Hanks und Meg Ryan. Tom Hanks spielt den Inhaber einer Buchhandelskette, welche die Besitzerin eines kleinen Buchladens in den Ruin treibt. Durch Zufall verlieben sie sich ineinander, ohne die wahre Identität des jeweils anderen zu kennen.

Oder in Disneys „Frozen" ist Elsas innerer Konflikt der Antagonist.

Den inneren und äußeren Ziel/Motivations-Kombinationen entsprechend, gibt es korrespondierende innere und äußere Konflikte.

Äußere Konflikte sind einfacher zu verstehen. Jemand ist mit dem Auto auf dem Weg zum Flughafen, aber ausgerechnet jetzt platzt ihm ein Reifen. Oder die Familie will in den Urlaub fahren, aber ein Kind erkrankt. Georg spart auf sein Traumauto, verliert aber seinen Arbeitsplatz.

Das Kreieren von inneren Konflikten ist schwieriger, denn sie erfordern ein Hinterfragen der Motivationen. Ein typischer innerer Konflikt könnte die Frau sein, die insgeheim Karriere machen will, sich aber einredet, dass Hausfrauendasein und Kinder ihre Bestimmung sind. Oder der Mann, der meint, Rache nehmen zu müssen, weil seine Familie das von ihm erwartet. In Wahrheit ist er aber versöhnlich gestimmt und ein Pazifist.

Ein innerer Konflikt kann zum Beispiel auch dadurch entstehen, dass Eltern ihrem Kind die eigenen Ziele aufzwingen, obwohl es eigentlich andere Wünsche oder Bedürfnisse hat. Stellen Sie sich ein Kind vor, das künstlerisch veranlagt ist, aber Buchhalter werden muss, weil die Eltern dies wünschen. Sie stellen dabei den äußeren Konflikt dar, während der innere Konflikt dadurch ausgelöst wird, dass es lieber intuitiv und kreativ vorgehen möchte, aber zu einer als mechanisch und penibel empfundenen Arbeit gezwungen wird.

Aber selbst das ist noch nicht die tiefste Ebene, die wir erreichen können, wenn wir die Frage nach dem „Warum" stellen. Der eigentliche Zwiespalt besteht in dem Bedürfnis, sich durch Gehorsamkeit die Liebe der Eltern zu sichern, sowie dem Streben nach Selbstständigkeit.

Ein weiteres Beispiel für einen starken, inneren Konflikt entsteht immer dann, wenn ein zutiefst überzeugter Pazifist in den Krieg ziehen muss; oder, die Tochter die Firma des Vaters leiten muss, obwohl sie viel lieber ohne die Last dieser Verantwortung leben würde.

Egal ob innere oder äußere Konflikte, sie müssen nachvollziehbar und mit den entsprechenden Zielen und ihren Motivationen gekoppelt sein, damit der Leser mit der Hauptfigur um deren Lösung bangen kann.

Jedem Ziel des Protagonisten sollte ein Konflikt gegenüberstehen. Damit der Plot nicht überkompliziert wird, empfiehlt es sich, die Anzahl der Hauptkonflikte auf einige wenige zu beschränken. Dies gilt natürlich auch für die Anzahl der Ziele, wobei eine Geschichte immer nur ein übergeordnetes oder Hauptziel haben sollte.

Kommen wir nun auf das Beispiel von Lisas Umzug zurück, denn darin steckt von Anfang an ein potenzieller Konflikt:

Lisa, heimatverbunden, verheiratet und Mutter eines Sohnes, zieht wegen ihres Mannes aus dem oberbayrischen Heimatdorf nach Spiekeroog um.

Leicht vorzustellen, dass die Familie aus Oberbayern auf der norddeutschen Insel in Konflikte geraten wird.

Und wir brauchen derer viele, denn es gibt nicht nur die Hauptkonflikte für den Spannungsbogen des Romans, sondern auch für jedes einzelne Kapitel und jede Szene. Dazu sollten alle Dialoge einen Konflikt beinhalten, um Spannung auszudrücken. Der Austausch von Banalitäten bringt die Story selten weiter. Es muss immer um etwas gehen, Szene um Szene, Seite um Seite. Aber zurück zu den großen Konflikten innerhalb des Plots. Die Planung eines Plots können Sie nun von zwei Seiten angehen. Entweder sie kreieren Figuren mit ihren entsprechenden Zielen, Motivationen und Konflikten oder sie gestalten die Figuren entsprechend ihrer Plot-Idee. In jedem Fall müssen aber die Konflikte mit den Zielen der Hauptfiguren korrespondieren.

Haben Sie die Figuren kreiert, ist es hilfreich, zur Liste ihrer Eigenschaften und Vorlieben die möglichen Konflikte gleich mit aufzuschreiben. In welche Schwierigkeiten kann ein überkorrekter Mensch geraten, in welche ein unordentlicher Teenager? Geben Sie Ihrem Helden nicht nur interessante Eigenschaften, sondern auch gleich mögliche Probleme mit. Einige davon lassen sich bestimmt in die Story einbauen. Manche dieser Probleme werden Sie zu Nebenplots und neuen Szenen inspirieren.

Szenenkonflikte und Dialogkonflikte wirken sich nur auf die eine Szene oder den einen Dialog aus. Sie können aus den Hauptkonflikten entstehen, oder neu hinzukommen.

Beispiel eines Dialogkonflikts:

Zuerst ohne Konflikt.

„Gehen wir ins Kino?", fragte sie.
„Gern. Welcher Film läuft?"
„Der neue James Bond."
„Prima."

Versus mit Konflikt:

„Gehen wir ins Kino?", fragte sie.
„Garantiert nicht."
Welcher Dialog ist interessanter, welcher er-
zeugt mehr Spannung?

2.5.2.4 Zusammenfassung Konflikte

Konflikte erzeugen Spannung. Konflikte korrespondieren direkt mit den Zielen.

Innere Konflikte entstehen aus einem Widerspruch von persönlichen, inneren Bedürfnissen
oder Wünschen. Dabei können sie durchaus
durch äußere Zwänge angestoßen werden.
Äußerer Konflikte entstehen durch die Einwir-
kung von außen.

Der Hauptkonflikt oder zentrale Konflikt ist
das Haupthindernis, das überwunden werden
muss, um das Hauptziel zu erreichen. Der
Hauptkonflikt tritt spätestens am Ende des 1.
Aktes auf und zieht sich bis zur Auflösung hin.

Nebenkonflikte stehen nicht im Fokus der Geschichte, werden nicht in ihrer Tiefe ausgear-
beitet wie der Hauptkonflikt, halten aber länger
an als ein Szenenkonflikt.

Der Szenenkonflikt ist spezifisch in einer Szene. Auslöser hierfür kann ein Haupt- oder Ne-
benkonflikt sowie ein gerade auftretendes Hin-
dernis sein. Er wirkt nur eine Szene lang.

Der Dialogkonflikt hingegen wirkt sich lediglich auf einen Dialog aus.

Zeigen wir nun einige mögliche Konflikte für Lisa auf:

Erziehungskonflikte aus der Vergangenheit: Ausbildung (Schule, Lehre, Universität), Elternhaus (Gesellschaftsschicht, Milieu, Erziehungsart).

Umweltkonflikte aus der Gegenwart: Beruf, Lebensstil, Freizeit, Sport.

Erziehungskonflikte formen die Motivation, Umweltkonflikte dagegen ihre gegenwärtigen Ziele und Wünsche. Oder anders ausgedrückt: Die Motivation entspringt den Lernerfahrungen der Vergangenheit, während die gegenwärtigen Probleme Ziele auslösen.

Aufgabe:

1. Schreiben Sie stichpunktartig die Lebensgeschichte Ihres Protagonisten auf, und die möglichen Konflikte daneben.

2. Schreiben Sie die Ziele und Wünsche sowie die entsprechende Motivation Ihres Protagonisten auf, und überlegen Sie, welche Erziehungskonflikte und Umweltkonflikte sie erzeugen könnten.

2.5.3 Protagonisten versus Antagonisten

Wie alle Konflikte sollten auch Protagonisten und Antagonisten korrespondieren, sich in gewisser Weise ergänzen. Dabei muss der Antagonist nicht zwangsläufig superböse sein. In der Geschichte „Auf der Flucht", hat Richard Kimble den US Marshal Samuel Gerard als Gegenspieler. Der hat den Auftrag, den flüchtigen Kimble einzufangen, während der den Mörder seiner Frau sucht. Beide haben eine gute Motivation, stehen sich dennoch feindlich gegenüber.

Kann eine Geschichte auch ohne eigentlichen Antagonisten funktionieren?

Selbstverständlich, indem es sich um einen inneren Konflikt einer Figur handelt. Der Antagonist ist dann der Protagonist selbst. Walt Disneys „Frozen" basiert auf einem solchen Konzept.

2.5.4 Und die Moral von der Geschicht' ...

Nicht jede Story muss eine Botschaft vermitteln oder eine Moral beinhalten. Anders jedoch die Helden, die so eine Wandlung erfahren und dadurch etwas gelernt haben. Wie die Prämisse gibt Ihnen auch die Lernerfahrung der Protagonisten wertvolle Hinweise, welche Szenen sich dafür eignen, um am Ende das gewünschte Ergebnis zu erhalten.

Was kann die Heldin lernen? Hier einige Beispiele aus der Ecke des Liebesromans:

Die Heldin hat anfangs _____ gewollt, aber am Ende gelernt, dass ...

- sie Liebe nicht braucht, weil
  _____.

- ihr _____ wichtiger ist als
  _____.

- sie besser _____ aufgibt, um
  _____ zu bekommen.

- sie eigentlich schon alles hat.

Ebenezer in Charles Dickens „A Christmas Carol" lernt am Ende, den Geiz zu besiegen und durch Freigiebigkeit, Freude am Leben zu finden. Dass er sich geändert hat, beweist er am Schluss der Story mehrfach. Seine Wandlung erscheint deshalb glaubwürdig.

2.5.5 Die wichtigste Frage

Die wichtigste Frage wurde bisher nicht angesprochen, obwohl sie in den inneren Konflikten und Zielen enthalten ist: Was ist das Schlimmste, das einer Hauptfigur passieren kann?
Angenommen, Sie schreiben einen Liebesroman. Das Schlimmste, was Ihrer Heldin dann widerfahren kann, wäre eindeutig, dass ihre Liebe nicht erwidert wird. Wie drückt sich ihre Angst aus? In welchem Ausmaß beeinflusst diese Angst ihr Verhalten? Und wie reagiert sie, wenn das Schlimmste eintritt?
Diese inneren Ängste müssen nicht zwangsläufig universeller Natur sein, wie in einer pri-

mären Notlage, sondern sollten mit der Geschichte im Einklang stehen.

Oder vereinfacht ausgedrückt: Ihre Figur hat hoffentlich ein positives Ziel, und ihre größte Sorge besteht darin, es nicht zu erreichen, weil sonst etwas Schlimmes passiert. Diese Bedrohung kann klein sein oder überdimensional groß, wie zum Beispiel die Zerstörung der Welt. Übrigens sind mit „universell" Gefühle und Reaktionen gemeint, die für die gesamte Menschheit gleichermaßen gelten. Wir alle lachen und weinen, brauchen Luft, Wasser und Nahrung, sowie Schutz vor dem Wetter. Und wenn das alles vorhanden ist, sehnen wir uns nach Anerkennung und Wachstum.

Der Überlebenswille ist universell. Jeder weiß sofort, was es bedeutet, wenn wir uns bedroht fühlen.

Beispiel Thriller:

Der Held ist bedroht, entweder direkt oder indirekt. Dies führt in der Regel zu einer Rettung in letzter Sekunde = Höhepunkt. Das rote oder das grüne Kabel durchschneiden, um die Höllenmaschine zu entschärfen?

Es gibt aber auch Situation, in denen das Leben des Helden nicht unmittelbar bedroht ist, wenn er zum Beispiel versucht, ein Attentat zu verhindern. Hier fehlt die persönliche Komponente des Helden. Was spräche dagegen, ihm ein persönliches Risiko mitzugeben?

Ein anderes Beispiel:

Ein Kommissar übernimmt einen schwierigen Fall. Dies ist gut und schön, aber es lässt das Innere des Kommissars außen vor. Daher fügen wir eine innere Motivation hinzu: Ein Kommissar fürchtet, aufs Abstellgleis geschoben zu werden. Diese persönliche Katastrophe sucht er zu verhindern, indem er einen besonders schwierigen Fall annimmt. Schon besser, denn jetzt haben wir zum globalen Drama (Krimifall) ein persönliches (Abstellgleis) hinzugefügt.

2.5.6 Was wir sonst noch über die Figuren wissen sollten

Eine gute Methode, der Romanfigur vor dem Schreiben näherzukommen, besteht darin, sich deren Geschichte zu vergegenwärtigen. Wie ist sie in die jetzige Situation geraten, was sind ihre Wünsche, ihre Prinzipien, was bedauert sie und welche Kindheitserlebnisse prägten sie? Im Internet und in Schreibratgebern finden sich dazu einige Fragelisten, die Ihnen helfen, die Figur gründlich zu erforschen, bevor Sie den Plot anpacken.

Soll sich der Charakter der Figur durch das in der Geschichte Erlebte verändern? – Von Argwohn, hin zur Vertrauensseligkeit.

Soll sich eine ihrer Eigenschaften verbessern und sie dadurch stärker werden? Vom schüchternen, aber mutigen Jungen, zum selbstbewussten Mann.

Jedenfalls steht und fällt unsere Geschichte mit der wohlüberlegten Auswahl geeigneter Figuren und deren Charaktereigenschaften. Schreiben Sie nur über Figuren, die sie verstehen. Sie müssen nicht unbedingt alle gleich mögen, aber sie sollten alle Ihre ungeteilte Aufmerksamkeit bekommen.

Es gäbe noch viel zur Auswahl der Figuren und deren Konflikte zu sagen, aber mehr darüber in einem weiteren Buch.

3. Die Strukturen

Dem Drama entnommen

In der Regel gibt es einen Spannungsbogen, der entlang der Handlung ansteigt und zumeist gegen Ende abrupt abfällt. Er kann in einer Grafik, auf der die eine Achse die fortlaufende Zeit im Roman darstellt und die andere der angespannte Zustand, wie ein Bogen aussehen, oder wie eine Sinuskurve auf- und abschwellen. Die klassische Novelle „Der Malteser Falke" gehört zum ersten Beispiel, Diane Gabaldons „Highlander" Saga zum letzteren. Strukturen im Plot sollen den Spannungsbogen unterstützen. Es gibt verschiedene Ansätze, von denen der sogenannte Dreiakter der bekannteste ist. Er entstammt der Antike und hat sich über die Jahrhunderte erhalten. Viele Theaterstücke kommen in drei Akten daher. Diese Form ist auch auf Romane anwendbar, ebenso wie der klassische Fünfakter. Die Filmindustrie stützt sich ebenfalls auf diese Strukturen, man könnte sogar sagen, dass die Drehbücher der Filme die Romanstrukturen in den letzten Jahren beeinflusst haben.

Strukturlose Romane sind eher die Seltenheit und der experimentellen Literatur vorbehalten. Die Mehrheit der Romane und Novellen weisen jedoch eine wiedererkennbare Struktur auf, wobei die meisten auf dem Dreiakter basieren.

Die Struktur hat unmittelbaren Einfluss auf die Form des Spannungsbogens und ist daher für bestimmte Genres unerlässlich.

3.1 Lineare und nicht-lineare Plots

Prinzipiell wird zwischen linearen und nicht-linearen Plots unterschieden, d. h. in der chronologischen Abfolge von Szenen. Eine Handlung folgt auf die nächste, eine Aktion löst die nächste aus. Selbst gelegentliche Rückblenden stören diesen Ablauf nicht. Die Ereignisse können linear auf einer Zeitachse dargestellt werden.

Sind die zeitlichen Sequenzen deutlich unterbrochen oder gehen gar durcheinander, liegt ein nicht-linearer Plot vor. Um trotzdem eine kohärente Geschichte und einen Spannungsbogen zu erzeugen, übernimmt das Thema die Rolle des roten Fadens. „Die Frau des Zeitreisenden" von Audrey Niffenegger ist ein Beispiel für einen nicht-linearen Plot.

3.2 Der Akt

Der Vorhang fällt

Aufzüge oder Akte sind ein wichtiger Bestandteil des Theaters. Sie sind aber auch praktisch, weil in der Pause die Bühne umgebaut werden kann. Außerdem hat das Publikum Gelegenheit, bei einem Glas Sekt über das Gesehene und Gehörte nachzudenken und zu diskutieren.

Die Frage nach der Anzahl der Akte finden wir folglich auch in Filmdrehbüchern wieder, und seit einigen Jahren arbeiten auch Schriftsteller mit diesen Strukturen des Plots.

3.2.1 Der Einakter

Einfach strukturierte und kurze Geschichten, wie Kurzromane und Novellen, lassen sich in einem Akt darstellen. Der Spannungsbogen steigt dabei linear an, um zum Ende hin steil abzufallen, fast als befänden Sie sich auf einen langsamen Aufstieg, der am Ende wie eine Klippe abfällt. Diese Art Spannungsbogen ist Kennzeichen der Novelle, die recht kurz ist, also unter 50.000 Wörter.

3.2.2 Der Dreiakter und die Wendepunkte

Der Dreiakter ist neben dem Fünfakter die klassische Form der Romanaufteilung, wobei der Fünfakter wie auch der Vierakter als Unterformen des Dreiakters erachtet werden können. Der Spannungsbogen steigt bis zum ersten Wendepunkt an, anschließend kann die Kurve eine aufsteigende Zickzackform annehmen, um am 2. Wendepunkt relativ schnell abzufallen.

1. Akt: Exposition, Einleitung. Wer steht wo am Anfang und was sind die drängenden Probleme? Hier werden die Figuren vorgestellt.

2. Akt: Die Mitte. Die Figuren versuchen erfolglos und immer wieder ihre Probleme zu lösen.

3. Akt: Höhepunkt und Auflösung. Der letzte Versuch und das Ende. Wer steht wo am Ende und was hat der Protagonist erreicht oder verloren?

Im Folgenden werden die wichtigsten Wendepunkte – auch Plotpunkte genannt – eines Dreiakters besprochen, die entsprechend auch in Vier- und Fünfaktern eingesetzt werden können. Die daraus folgende Struktur kann als universell betrachtet werden.

3.2.2.1 Akt 1: Die Einleitung

Das Einfangen des Lesers

Neben dem sogenannten „Hook" – das ist ein besonders interessant formulierter Satz oder Absatz am Anfang des ersten Kapitels – dient die Einleitung zur Einführung der Figuren, ihrer Ziele und ihrer Konflikte. Bis zum Ende des ersten Akts sollte jede Hauptfigur, also Protagonist und gegebenenfalls Antagonist, vorgestellt sein, obwohl es natürlich auch Beispiele gibt, bei denen eine wichtige Figur sich erst später hinzugesellt.

Die Figuren befinden sich in ihrer Normalsituation, benehmen sich und reagieren auf Störungen, wie sie es gewohnt sind und ihrer Motivation entsprechend. Eventuell befinden sie sich in einem inneren Konflikt und würden gerne anders handeln, als sie es tun.

Bereits in der Einleitung kann die Störung dieser falschen Harmonie eintreten, was wir auch im Heldenepos wiederfinden. Das Alltagsgeschehen wird gestört, aber die Leitfigur ignoriert die veränderten Umstände, bis sie sich entschließt, etwas zu unternehmen, und damit den zweiten Akt einleitet. Diese erste Störung wird im Englischen als „Inciting Incident" bezeichnet. Etwas passiert, das den Protagonisten zum Nachdenken zwingt, aber noch ist er zu bequem, um darauf zu reagieren. Im Schnitt nimmt die Einleitung 1/5 des Gesamtvolumens ein. Man kann sie sich wie einen gespannten Bogen vorstellen, dessen Pfeil auf das Ziel abgeschossen wird. Der Pfeil entspricht in diesem Fall dem Protagonisten.

3.2.2.2 Der erste Wendepunkt

Das ist der entscheidende Moment. Die Störung tritt erneut auf, und dieses Mal kann sie nicht mehr ignoriert werden. Nichts hält den Protagonisten mehr auf. Er kann nur noch vorwärts stürmen. Am Ende des 1. Aktes steht in der Regel dessen Entscheidung, etwas zu ändern, um den äußeren und inneren Konflikten Herr zu werden. Daher kann sich das Anfangsziel einer Figur am Ende des ersten Akts zu einem Hauptziel verändert haben. Dieser Wendepunkt kann auch als Tür mit nur einer Klinke verstanden werden – die Rückkehr in den Ursprungszustand wird verwehrt.

3.2.2.3 Akt 2: Die Mitte und Wendepunkt 2

Die Mitte erzählt von den Versuchen der Figuren, ihre Ziele zu erreichen, um ihre Konflikte zu lösen. Sie möchten in die Normalität der

Ausgangssituation des ersten Aktes zurückkehren. Dies wird wiederholt versucht, bleibt aber stets erfolglos.

Um die Spannung aufrechtzuerhalten, sollen nicht nur die Hauptkonflikte ungelöst bleiben, sondern jede Aktion der Heldin sollte auch mit einem Misserfolg enden. Ein kluger Kopf sagte einmal: „Der Autor ist ein Sadist, der Leser ein Masochist." Das sollte man nicht allzu wörtlich nehmen, aber es heißt im Prinzip, dass Sie Ihre Helden leiden lassen müssen. Daraus folgt: Kein großes Erfolgserlebnis für Ihre Helden, denn das ist dem Ende vorbehalten. Ein paar Glücksmomente, über das Gesamtwerk verteilt, sind hingegen erlaubt.

Kernfragen bleiben bis zum Schluss ebenfalls unbeantwortet. In der eigentlichen Mitte des Buches sind die Figuren am weitesten von der Auflösung entfernt. Alles entwickelt sich anders als von der Figur geplant, nichts passt zusammen: falscher Verdächtiger, falsche Geliebte, falscher Job.

Diese von Rückschlägen geprägte Phase kann unterschiedlich lange anhalten, nur darf der Spannungsbogen dabei nicht wesentlich abflachen. Die Mitte dient in erster Linie zur Vertiefung der Charaktere und zur Vorbereitung auf den dritten Akt.

3.2.2.4 Der zweite Wendepunkt

Wenn die Leitfigur verzweifelt versucht, die Katastrophe endlich zu meistern, tritt sie in den dritten Akt über. Dieser Wendepunkt entspricht oft dem „schwarzen Moment" oder dem Höhepunkt und ist ebenfalls wie eine Tür, die nur in eine Richtung aufgeht, die Figur kann nicht mehr zurück.

3.2.2.5 Akt 3: Der Höhepunkt und das Ende

Die Katastrophe ist da, der Held unternimmt den letzten Versuch, alles zum Guten zu wenden. Es gibt keine Rückkehr, er muss da durch. Bei einem positiven Ende gelingt es dem Helden, der Heldin, oder beiden, das Böse zu besiegen, den Konflikt zu beenden. Haben sie eine Charakterentwicklung durchgemacht, sollten sie auch zeigen, etwas gelernt zu haben. Das Ende soll schlüssig und aus dem Vorangegangenen abzuleiten sein. Plötzlich auftretende Charaktereigenschaften, Superfähigkeiten oder von außen eingreifende Personen, die mit dem Plot nichts zu tun haben, betrügen den Leser. Deus-ex-machina – eine aus heiterem Himmel eingreifende, höhere Macht, lässt die Geschichte unglaubwürdig erscheinen. Das letzte Kapitel sollte auch einen Zukunftsaspekt beinhalten, um die Neugier des Lesers, was nach der Auflösung mit seinen Charakteren passiert, zu befriedigen. Hierzu eignet sich besonders ein Epilog. Wie der Prolog ist auch der Epilog zeitlich abgesetzt von der Haupthandlung.

3.2.3 Der Vierakter

Eine Variante des Dreiakters ist der Vierakter, bei dem zur Mitte hin ein neuer Akt beginnt. Der zweite Akt ist dabei unterteilt. Die Mitte der Geschichte ist der Übergang von Akt Zwei auf Akt Drei und klarer herausgestellt als in einem Dreiakter.

Der Vierakter wird als klassischer Aufbau für Filme verwendet. Seine Struktur lässt sich in der Literatur vor allem auf Geschichten, in denen die Hauptfigur nicht nur äußere Ziele, sondern auch innere verfolgt, anwenden. Darunter fallen Entwicklungsromane, Liebesgeschichten und Spannungsromane. Er kommt aber auch im Action/Abenteuer-Bereich zur Anwendung.

3.2.3.1 Akt 1: Die Einleitung

Der erste Akt widmet sich der Vorstellung der Figuren und ihrer Lebenssituation. Ebenso wird der Konflikt eingeführt, der die Figur aus ihrer gewohnten Bahn werfen wird. Es gibt also eine Art Initialzündung, welche die Figur veranlasst, aktiv zu werden.

Genau wie im Dreiakter endet auch der erste Akt des Vierakters mit dem ersten Wendepunkt: Die Heldin trifft die Entscheidung, den Konflikt zu lösen.

3.2.3.2 Akt 2: Die Komplikation

Wie schon im Dreiakter vertiefen wir auch hier die Einblicke in die Figuren und stellen ihnen allerlei Hindernisse in den Weg, damit sie ihr Ziel nicht erreichen können. Mindestens eines davon sollte die Figur anregen, ihre Handlungsweise zu überdenken, was aber fruchtlos enden soll.

Im Gegensatz zum Dreiakter wird der Mittelpunkt zu einem weiteren Wendepunkt. Die Figuren sind jetzt am weitesten vom Erreichen ihres Ziels entfernt.

3.2.3.3 Akt 3: Die Katastrophe

Nach einem kurzen Ruhepunkt in der Mitte zwingt ein Ereignis die Figur dazu, ihre Handlungsweise zu überdenken, was aber folgenlos bleiben soll. Dadurch steuert sie unweigerlich auf einen Punkt zu, an dem alles verloren zu sein scheint.

Dieser Punkt hat verschiedene Namen: Höhepunkt, Tiefpunkt, schwarzer Moment. Er ist das Highlight der Geschichte, in dem die Figur ihren emotionalen Tiefpunkt erreicht.

3.2.3.4 Akt 4: Die Auflösung

Nach der Katastrophe kommt die ersehnte Auflösung, die je nach Gestaltung des Endes positiv oder negativ ausfallen kann. Der vierte Akt entspricht hier dem dritten des Dreiakters.

3.2.4 Der Fünfakter

Das Drama der Antike war als Fünfakter konzipiert und hat so die Aufteilung im Schauspiel über viele Jahrhunderte bestimmt. Auch heute noch finden sich Fünfaktstrukturen in Romanen. Viele Krimis sind so aufgebaut, obwohl man auch den Fünfakter als Variante des Dreiakters betrachten kann – oder umgekehrt, nur die Taktung ist in diesen Varianten unterschiedlich.
Im Einzelnen haben die Akte folgende Aufgabe:

Akt 1: Einleitung = Exposition
Akt 2: Komplikation
Akt 3: Wendepunkt = Peripetie
Akt 4: Verlangsamung = Retardation
Akt 5: Katastrophe und Lösung = Dénouement

Der dritte Akt des Fünfakters findet oft gegen Ende des zweiten Aktes des Dreiakters statt und wird dort als 2. Wendepunkt bezeichnet.
Die Retardation verzögert den Schluss, was die Spannung beim Leser erhöht. Spannung entsteht durch Konflikt, also durch offene Fragen oder ungelöste Probleme. Der Autor zögert den Höhepunkt und die Auflösung durch Neben- und Parallelplots, die ihren eigenen Spannungsbogen haben, hinaus. Sie müssen interessant genug sein, um den Leser weiterlesen zu lassen, dürfen aber die Auflösung nicht preisgeben.

Das klassische Drama, der Fünfakter, endet mit dem Tod des Helden, die Komödie mit dem Happy End.

3.2.4.1 Der Krimi-Plot

Der Krimi-Plot hat seine eigenen Tücken, da die Tat am Anfang des Buches begangen wird und deren Aufklärung die nächsten paar hundert Seiten in Anspruch nimmt. Kommt noch eine aktuelle Bedrohung hinzu, grenzt der Krimi an den Thriller. Zudem durchlaufen die Ermittler – also Polizeibeamte, Privatdetektive oder Personen des Alltags – selten einen Charakterbogen; vor allem dann nicht, wenn sie als Serienhelden konzipiert sind.

Jedenfalls empfiehlt es sich für die Drauflosschreiber den Fall vorher im Detail durchzuplanen, denn die Gefahr ist groß, sich beim ungeplanten Vorpreschen im Irrgarten des Plots zu verlaufen.

Der Krimi-Plot wird oft als Fünfakter beschrieben, obwohl er auch als Dreiakter Verwendung findet:

1. Akt Einleitung: Vorstellen des Ermittlers in seinem alltäglichen Umfeld. Eventuell wird die Tat in einem Prolog vorangestellt.

2. Akt Der Punkt der Nimmerwiederkehr im Dreiakter: Eintritt oder Erklären des Kriminalfalls, der Ermittler stellt sich der Aufgabe.

3. Akt Wendepunkt: Der Protagonist verfolgt die Spuren und identifiziert den vermeintlichen Täter.

4. Akt Verlangsamung: Der Ermittler bemerkt, dass er den Falschen in Verdacht hatte.

5. Akt Höhepunkt und Auflösung: Überführung des Täters.

Ein Krimi muss nicht unbedingt dieser Struktur folgen, aber viele tun es.

Aufgabe für Krimi-Liebhaber:

• Analysieren Sie die Struktur Ihrer Lieblingskrimis.
• Fünf Akte oder drei?
• Gibt es ein Thriller Element, eine Bedrohung des Protagonisten?
• Welches ist anfangs die Hauptfrage, welches die am Ende?
• Gibt es einen Nebenplot?

3.2.5 Das Helden-Epos oder in 12 Schritten zum Ziel

Joseph Campbell, ein Experte der Mythologie, formulierte die jeweiligen Schritte der Heldenreise, nachdem er Märchen, Legenden und Mythen analysiert hatte, und fand dabei eine immer wiederkehrende Struktur: siebzehn Schritte, die der Held bis zur Auflösung gehen muss.

Christoph Vogler hat später daraus eine ver-
kürzte Heldenreise formuliert, indem er die
siebzehn Schritte auf zwölf reduzierte. Darauf
basierend gibt es inzwischen weitere Interpretationen der Heldenreise, die im Wesentlichen
aber nur die Anzahl der einzelnen Schritte variieren, jedoch nichts Neues hinzufügen.
Die Heldenreise basiert zwar auf dem klassischen Dreiakter, legt aber im Gegensatz zu ihm
die Elemente des Spannungsbogens fest:

1. Die gewohnte Welt des Helden – Einleitung.
2. Der Ruf zum Abenteuer - erste Störung
durch ein Problem.
3. Der Held ignoriert den Ruf, weil er sich
die Lösung nicht zutraut.
4. Ein Mentor erscheint.
5. Der Held folgt dem Ruf, verlässt damit
seine gewohnte Umgebung und betritt neues
Terrain - erster Wendepunkt.
6. Erste Bewährungsproben, der Held hat
einen Plan, gewinnen von Freunden.
7. Der Held macht Fehler und muss eventuell etwas Neues probieren.
8. Kampf auf Leben und Tod.
9. Held überlebt, besiegt seine Ängste und
erhält eine Belohnung: entweder einen Talis-
man oder eine wichtige Erkenntnis, die ihn
verändert.
10. Held kehrt in seine gewohnte Umgebung
zurück.
11. Noch einmal kämpft er ums Überleben,
ist dieses Mal aber gewappnet – Klimax = Höhepunkt, 2. Wendepunkt.

12. Der Held kehrt als Retter zurück – Auflösung.

Viele berühmte Filme wie „Lion King", „Matrix" und „Star Wars" lassen sich in diese zwölf Schritte zerlegen. Die Heldenreise birgt zwar die Gefahr eines überstrapazierten Plots in sich, funktioniert aber offenbar immer wieder.

Aufgabe:

Erstellen Sie anhand der „Star Wars I" Episode eine Heldenreise oder wählen Sie eine ähnliche Geschichte.

3.3 Die Rahmen-Struktur

Eine der vielen Möglichkeiten, einen Roman zu gestalten, ist die Rahmenstruktur. Die Story findet auf zwei Ebenen statt, die zeitlich und/oder örtlich voneinander verschieden sind, aber inhaltlich zusammenhängen. Die Story der Ebene 1 rahmt die der Ebene 2 ein. Die innere Handlung wird „Binnenhandlung" genannt, die äußere „Rahmenhandlung".

Mit dieser Technik können Sie eine Geschichte in der Jetztzeit beginnen, erzählen dann die Ereignisse in der Vergangenheit, um am Ende wieder in die Jetztzeit zurückzukehren und den Kreis zu schließen.

Die Rahmenstruktur verlangt einen kompletten Plot-Aufbau im Innenteil und eventuell auch im Rahmenteil. Ein Rückblick mit nur einem Kapitel oder sogar einem zweiten verlangt keine komplette Handlung und ist daher keine Rahmenstruktur.

Es gibt die Möglichkeit einer einfachen Rahmenstruktur, bei der Akt 1 in der Rahmenhandlung stattfindet, Akt 2 in die Binnenhandlung springt, und Akt 3 wieder in die Rahmenhandlung zurückführt. Aber auch komplexere Strukturen bei der Rahmen- und Binnenhandlung sind möglich.

Wichtig ist nur, die Zeitsprünge (und eventuell Ortssprünge) deutlich auszuarbeiten, sodass beim Lesen keine Verwirrung entsteht.

Rahmen- und Binnenhandlung sollen im Zusammenhang stehen und zum gegenseitigen Verständnis beitragen. Gibt es keinen Zusammenhang, hätte man zwei getrennte Geschichten kreiert, die nur lose zusammenhängen. Das geht natürlich auch, nur ist es dann keine Rahmenstruktur mehr.

Familiensagas weisen oft diese Struktur auf. Ein Enkelkind erhält Informationen über das Leben seiner Großeltern und erkennt, welche Folgen dadurch für das eigene entstanden sind. Es trifft dann Entscheidungen, die ohne diese Erkenntnisse anders ausgefallen wären.

3.4 Der Einstieg
Alles hat einen Anfang

Jede Geschichte hat einen Anfang. Nur wie sollte der aussehen? Er erfüllt mehrere Zwecke, denn nicht umsonst wird der erste Akt als Einleitung oder Exposition bezeichnet. Sie dient zur Einführung der Leitfiguren sowie der Welt, in der sie leben.

Die Einleitung stellt die Figuren in ihrer Normalsituation vor, und zwar mit ihren Konflikten, Wünschen und Bedürfnissen. Mit Normalsituation ist nicht banales Alltagsleben gemeint, sondern die Beschreibung der Schieflage, in der sie sich befinden. Etwas ist nicht in Ordnung, und das soll gezeigt werden. Die Mittel dafür können mehr oder weniger drastisch sein und sollten im Einklang mit dem Grundtenor der übrigen Geschichte stehen. Der Übergang vom 1. zum 2. Akt ist dann der Moment, in dem sich die Figur vornimmt, diese Schieflage zu ändern. Da sie es falsch anpackt, stolpert sie von einem Desaster ins nächste.

Daneben führt die Exposition in den Erzählton und in die Perspektive der Geschichte ein. Zumindest die inneren Ziele und Konflikte der Hauptfiguren müssen von Anfang an vorhanden sein, denn sie begründen ihre Aktionen. Das äußere Hauptziel der Geschichte kann auch später noch hinzugefügt werden.

Hierzu ein Krimi als Beispiel: Dem Kommissar werden von Beginn an sowohl sein inneres Ziel als auch die entsprechende Motivation mitgegeben (er will seinem Vater durch beruflichen Erfolg imponieren). Wir erfahren zuerst, wie er voller Ehrgeiz einen alten Fall löst. Sein äußeres Ziel, den neuen Fall aufzuklären, muss spätestens beim Übergang zum 2. Akt offenkundig sein.

Zu der Frage, ob ein Prolog sinnvoll ist, mehr im Kapitel 4.4. Ein Prolog soll dem Leser einen Kenntnisvorsprung bieten oder einen Zusammenhang erklären. Beleuchten Sie unter dieser Prämisse genau, ob ihre Idee für einen Prolog dies bietet.

Egal, ob man einen Prolog wählt oder gleich mit dem 1. Kapitel beginnt, auf alle Fälle sollte jede Leitfigur bis zum Ende des 1. Aktes – vor allem, wenn sie eine eigene Perspektive hat – vorgestellt sein, und zwar mit ihrem Ziel und ihrer Motivation. Da die Motivation aus der Vergangenheit entspringt, ist die Versuchung groß, Rückblicke einzubauen. Hier ist jedoch Vorsicht geboten, denn sie bremsen den Fluss der Geschichte. Am elegantesten verfährt man, indem nur kurze Infostücke eingefügt werden, da diese viel unauffälliger sind. Ein Nebensatz kann oft schon genügen. Hierbei ist ein kurzes Telling (Erzählen) durchaus erlaubt.

Der Autor fordert in der Einleitung den Leser quasi auf, sich mit der Hauptperson zu identifizieren, mit ihr die Story zu durchleben. Also erschaffen Sie entweder einen externen Erzähler, der dem Leser die Geschichte erzählt, oder Sie lassen ihn direkt daran teilhaben, indem Sie ihm die Gedanken, Eindrücke und Gefühle des Protagonisten vermitteln.

Aufgabe:

• Skizzieren Sie die Ziele, Konflikte und Motivationen der Hauptfiguren aus zwei oder drei Büchern Ihrer Wahl.

• Notieren Sie, wann Sie diese Informationen erhalten.

• Stellen Sie fest, wann die Hauptfrage der Story gestellt wird.

- Suchen Sie ein Buch mit einem Prolog und beantworten Sie die Fragen, welche Informationen vermittelt werden und warum der Autor einen Prolog als Einstieg gewählt hat, und wie die Alternative ohne Prolog aussehen könnte.

3.5 Das Ende

… und alles hat ein Ende

Sie sollten beim Schreiben Ihrer Geschichte deren Ausgang bereits im Hinterkopf haben. Warum, ist leicht einzusehen, denn das Ende beeinflusst den Anfang, die Weichen für Höhepunkt und Auflösung werden sehr früh gestellt. Die Frage, ob die Hauptperson ihr Ziel erreicht und damit glücklich und zufrieden ist, oder ob sie alles verliert, muss gleich am Anfang gestellt werden.

Es gibt vier Varianten eines abgeschlossenen Endes, sowie ein offenes, bei dem sich der Leser den Ausgang selbst zusammenreimen kann. Bei dem Film „Inception" bleibt die Beantwortung der Frage, ob der Held nach Hause kommt, oder in einem Traum gefangen ist, dem Zuschauer überlassen.

3.5.1 Das gute Ende

Ein gutes Ende ist dann erreicht, wenn der Held seine Ziele erreicht hat und alle Konflikte gelöst sind.

Zum Beispiel: Eine Angestellte wird nach einigen Widrigkeiten zur Abteilungsleiterin befördert, gleichzeitig macht ihr der Mann ihrer Träume einen Heiratsantrag.

3.5.2 Das tragische Ende

Der Protagonist erreicht seine Ziele nicht. Der Angestellten wird gekündigt, woraufhin ihr Mann sie verlässt.

3.5.3 Das bittersüße Ende

Zwar erreicht die Hauptfigur ihr Ziel, es folgt aber trotzdem ein schlechtes Ende.
Die Angestellte wird befördert, was aber mit mehr Arbeitszeit und Reisetätigkeit verbunden ist, weshalb ihr Mann sie verlässt.

3.5.4 Das tragisch-komische Ende

Die Hauptfigur erreicht zwar ihr Ziel nicht, was sich im Endeffekt aber als positiv erweist.
Anstatt der Angestellten wird eine Kollegin befördert. Sie erkennt, dass sie diese Position gar nicht wollte. Dafür macht der Mann ihrer Träume ihr einen Heiratsantrag.

3.5.5 Das offene Ende

Die Hauptfigur erreicht ihr Ziel entweder nur teilweise oder mindestens ein Konflikt bleibt ungelöst. Der Leser kann seine Schlüsse selbst ziehen. Ein offenes Ende ist ein Merkmal des Mehrteilers.

Aufgabe:

1. Vergleichen Sie Bücher mit unterschiedlichem Ausgang. Wäre es möglich, aus einem guten Ende ein schlechtes zu machen?
2. Wenn ja, was müsste geändert werden (und an welcher Stelle), um ein anderes Ende zu erreichen?

3.6 Und was ist mit der Mitte?

Wenn man sich den Spannungsbogen, der die gesamte Story überbrückt, vor Augen führt, erkannt man, dass die Figuren zur Mitte des Romans hin von ihrem Normalzustand am weitesten entfernt sind.

Das heißt nicht, dass die Spannung hier zwangsläufig am höchsten ist, sondern dass wir uns an einem Umkehrpunkt befinden, von dem aus sich die Hauptfigur der Lösung nähert.

Um die Spannung aufrechtzuerhalten, sollte ihr die Entfernung zum Ziel deutlich anzumerken sein, d. h. der Konflikt muss deutlich hervortreten. Während sie am ersten und zweiten Wendepunkt den einmal eingeschlagenen Kurs beibehalten muss, stehen ihr beim Erreichen der Mitte noch Alternativen offen.

Die Mitte beansprucht die meisten Seiten für sich. Wenn die Einleitung eines Dreiteilers etwa zwanzig Prozent ausmacht, und das Ende ebenfalls zwanzig – wenn überhaupt – dann nimmt der Mittelteil mehr als die Hälfte des Manuskripts ein.

Was tun, um den Leser nicht zu langweilen? Wenn Sie Glück haben, blättert er gelangweilt weiter, wenn nicht, droht Ihrem Werk das Aus. Weggelegt, weggeworfen, vergessen. Die Lösung besteht darin, Spannung aufzubauen. Sie wird durch den Einbau von Konflikten und die daraus resultierenden Fragen, wie diese gelöst werden können, erzeugt. Das 5. Kapitel beschäftigt sich damit.

Der Held oder die Heldin sind stets bemüht, die jeweiligen internen oder externen Probleme zu lösen. Ihre Versuche schlagen ein ums andere Mal fehl. Wie ein Stehaufmännchen kämpfen sie weiter, obwohl ihre Chancen anscheinend immer geringer werden.

Versuchen Sie, Ereignisse möglichst nicht zufällig entstehen zu lassen, obwohl Zufälle unseren Alltag bestimmen. Den Leser interessiert der Alltag jedoch nicht. Er will, dass unsere Helden das Unmögliche möglich machen.

Alle Ereignisse sollten ihren Ursprung in den Aktionen der Figuren haben und sich wie die Perlen einer Kette aneinanderreihen.

Ein besonderes Augenmerk gilt der echten Mitte. Dort sollte ein Fehlschlag oder ein Konflikt stattfinden. Die Figur erkennt danach, dass sie von dem ersehnten Ziel noch meilenweit entfernt ist.

So erzeugt man Spannung und hält den Leser bei der Stange.

3.7 Offenes Ende und offener Anfang

Ein offenes Ende ist eine Frage, die nicht beantwortet wird, ein Konflikt, der ungelöst bleibt, oder eine unklare Situation, deren Ausgang der Leser wissen möchte. Die Auflösung der Hauptfrage sollte sich wie ein roter Faden durch die Geschichte ziehen und am Ende dann auch erfolgen. Tut sie das nicht, hängt der Faden aus dem Buch, und kann in einem Folgeband wieder aufgegriffen werden.

Wie sieht dies aber bei einem offenen Anfang aus? Hier hat der Faden seinen Anfang nicht beim Beginn der Geschichte, sondern webt sich erst in deren Verlauf in die Handlung ein. Nehmen wir an, die Geschichte dreht sich um eine Frau, die mit ihrem Leben unzufrieden ist. Sie ist Buchhalterin, wäre aber viel lieber Pianistin. Zwar hat sie ihre Sehnsüchte verdrängt, lässt ihren Verdruss jetzt aber an den Kollegen und am Ehemann aus.

Die Story beginnt, als eine Kollegin verdächtigt wird, Geld unterschlagen zu haben. Die Buchhalterin beschließt, sich für sie einzusetzen.

Ein geschlossenes Ende tritt ein, wenn die Büroangestellte ihrer Kollegin helfen konnte und erkennt, dass sie an ihrem jetzigen Arbeitsplatz unglücklich ist. Sie erfüllte sich einen lang gehegten Wunsch, indem sie ans Konservatorium geht.

Ein offenes Ende wäre dann gegeben, wenn sie darüber nachdenkt zu kündigen, aber nichts dergleichen tut und ihre Entscheidungen offen lässt. Die Geschichte hört dann mit einem Schnitt auf.

Ein problematischer offener Anfang tritt ein, wenn die Buchhalterin befördert wird und die Kollegin im Stich lässt, weil sie ihrem Bruder beweisen will, dass sie in ihrem Job mehr erreichen kann als er. Sollte dieses Problem und die Motivation nicht vorher eingeführt sein, beginnt der Handlungsstrang Buchhalterin/Bruder im Nichts. Das Problem ist hier, dass Anfang und Ende nicht zusammenpassen, weil ein neuer Faden eingebracht wurde. Man kann natürlich auch den offenen Anfang als Bruch in der Kontinuität des Spannungsbogens bezeichnen.

3.8 Serien und Mehrteiler

Im Gegensatz zu einem Einzelband, dessen Ende keine Fragen offen lassen sollte, zieht sich die endgültige Auflösung in Serien und mehrteiligen Büchern über mehrere Bände hin. Serie und Mehrteiler ähneln sich im Prinzip. Bei beiden stehen die Entwicklung der Hauptfigur und das Erreichen der Ziele im Vordergrund.

Mehrteiler, wie zum Beispiel die Trilogie, erzählen eine Geschichte in mehreren Bänden. Nicht alle Handlungsstränge werden im ersten Band aufgelöst, wichtige Fragen bleiben offen, obwohl er durchaus einen geschlossenen Eindruck vermitteln kann. Insbesondere das Hauptziel des Protagonisten wird noch nicht erreicht. Harry Potters Einzelbände finden zum Beispiel am Ende jeden Bandes einen Teilabschluss. Das übergeordnete Ziel – die Bezwingung Voldemorts – wird nicht erreicht. Mitunter wird gar kein Handlungsstrang aufgelöst, wie zum Beispiel im Buch „Herr der Ringe" von J. R. R. Tolkien. Häufig muss der Leser mit Band Eins anfangen, um die Geschichte zu verstehen.

Eine Serie hingegen zeichnet sich durch ein geschlossenes Ende aus, zumeist ein gutes, selten ein tragisches. „James Bond" von Ian Fleming ist das klassische Beispiel einer echten Serie. Es gibt keinen übergeordneten Spannungsbogen, kein übergreifendes Hauptziel. Jeder Band kann für sich allein stehen, der Leser muss nicht bei Band Eins einsteigen.

Serienkonzepte können einen übergeordneten Spannungsbogen haben, der sich über die Einzelbände erstreckt.

Die Namen der Mehrteiler sind dem Griechischen entnommen:

Zweiteiler = Dilogie
Dreiteiler = Trilogie
Vierteiler = Tetralogie
Fünfteiler = Pentalogie

Die „Chroniken von Narnia" und „Harry Potter" sind Siebenteiler = Heptalogien.

3.9 Der genrespezifische Plot

Jedes Genre birgt gewisse Konventionen in sich, die bei Kurz- und Serienromanen sehr stark in den Plot eingreifen. Wer eines dieser Genres bedienen will, sollte viele Vertreter davon gelesen haben, um ein Gefühl für die Erwartungshaltung der Verlage zu bekommen.

Dabei spielt es keine Rolle, ob die Figuren der jetzigen Welt entstammen oder einer zukünftigen, ob sie magische Kräfte besitzen oder Teil geschichtlicher Ereignisse sind.

3.9.1 Charakter- und plotgetriebenes Genre?

Oftmals wird zwischen charakter- oder Plot getriebenen Genres unterschieden. Gibt es diesen Unterschied überhaupt, und wenn ja, was macht ihn aus?

Der charaktergetriebene Plot ist dadurch definiert, dass die Figuren an ihrer Situation etwas ändern möchten, das heißt, sie sind mit ihrem Normalzustand unzufrieden. Dies löst stets das innere Bedürfnis aus, diesen Mangel zu kompensieren. Äußerlich mögen sie zwar glücklich sein und sich mit dem Zustand abgefunden haben, aber tief im Innern rumort die Unzufriedenheit.

Unterdrückte Sehnsüchte drängen an die Oberfläche, Probleme wollen gelöst werden. Das Bedürfnis nach Sicherheit, sowie das Verlangen nach Liebe treiben die Figuren um.

Also werden charaktergetriebene Plots durch die Entscheidung des Protagonisten initiiert, etwas an seiner Situation zu ändern. Hierfür kann ein äußerer Konflikt der Auslöser sein. Das Ziel des Protagonisten ist eine Verbesserung seiner Lebenssituation. Er kann es erreichen – oder nicht. Diese Romane zeichnen sich durch mehr Innenansichten und Reflexionen aus.

In plotgetriebenen Storys hingegen reihen sich die Ereignisse gern aneinander; die Figuren reagieren mehr, als dass sie agieren, d. h. es ist weniger ihre innere Motivation, die sie handeln lässt, sondern nur die äußeren Anreize. Im Normalfall wird das Geschehen durch den Antagonisten initiiert, der zäh seine äußeren Ziele verfolgt. Plotgetriebene Handlungen werden also durch eine Aktion des Antagonisten angestoßen. Die Charakterentwicklung tritt in den Hintergrund, ist nicht das Hauptziel der Geschichte, denn sie wird durch innere Ziel/Motivation-Sets angetrieben. Sie kann jedoch in einem Unter- oder auch in einem Nebenplot stattfinden – meistens wird allerdings ganz auf sie verzichtet. Das Hauptaugenmerk wird auf die Aktionen gelegt, wie zum Beispiel beim Thriller, dem Hauptvertreter der Plot getriebenen Genres. Ein klares Beispiel ist die „James Bond" Serie, oder auch die von Dan Brown um den Symbologen Robert Langdon, dessen innere Bedürfnisse nur am Rande eine Rolle spielen. Seine Klaustrophobie ist zwar ein Konflikt, aber deren Lösung wird in keinem der Bände angestrebt. Sie scheint nur zur Abrundung des Charakters zu existieren, um dem Supersymbologen einen Fehler, einen Schwachpunkt, mitzugeben.

3.9.2 Der Liebesroman-Plot

Liebesromane gehören zur Gattung der charaktergetriebenen Plots, da sich wenigstens ein Partner durch eine Erkenntnis ändern muss, um zu einem Happy End zu gelangen. Die wichtigste Frage, die der Leser sich stellen soll, ist: Kommen die beiden zusammen? Das Verlangen nach Liebe gehört zu den inneren und primären Bedürfnissen eines Menschen. Stehen diesem Verlangen Bedenken entgegen, die sich aus dem Umfeld oder der Erziehung ergeben, entsteht ein innerer Konflikt, der erst gelöst werden muss, um der Liebe eine Chance zu geben. Natürlich können auch Konflikte von außen hinzukommen, aber meistens stehen die Handlungen der Liebenden im Vordergrund. Es werden Brücken gebaut und Abgründe überwunden, um das innere Bedürfnis zu befriedigen.

Viele Lektoren haben sehr genaue Vorstellungen, wie der Plot eines Liebesromans auszusehen hat. Teilweise sind die Vorgaben sehr einengend, was aus Sicht des Verlags Sinn macht, denn er muss schließlich die Erwartungen seiner Leserschaft erfüllen. Vorgaben können zum Beispiel sein, bis zu welchem Kapitel die beiden Akteure eingeführt sein müssen, und wann der erste Kuss erfolgt. Auch wie detailliert sexuelle Handlungen beschrieben werden, unterliegt oft den Konventionen des Verlags oder denen des verwendeten Genres. Logisch, dass ein Erotikroman mehr Wert auf sexuelle Darstellungen legt als ein romantischer Jugendroman. Es empfiehlt sich, die Vorgaben eines Verlags zu kennen und wenn nicht, einfach nachzufragen.

Ein Wort zum Sex: Egal, ob explizit ausgeführt oder nur angedeutet, eine Sexszene sollte immer handlungsrelevant sein. Mit Ausnahme von Pornos und Erotika, bei denen Sexszenen erwartet werden, gilt die Regel, dass eine Szene stets den Plot vorantreiben muss. Ändert sich durch den Sex nichts am Fortschritt der Handlung, sollten Sie sich überlegen, ob der Sex wirklich dorthin gehört, oder was Sie tun könnten, um ihn an dieser Stelle notwendig zu machen.

3.9.3 Der Krimi-Plot

Die typische Grundstruktur des Krimi Plots wurde bereits im Kapitel 3.2.4 erörtert. Die wichtigste Frage des Krimis muss lauten: Wer ist der Täter? Die Aufklärung der Tat steht im Mittelpunkt. Da der Antagonist, also der Täter, die Situation auslöst, sind viele Krimis Plot getrieben. Der Ermittler reagiert auf das Geschehene, das einen äußeren Konflikt darstellt. Er hat auch eine äußere Motivation, nämlich den der Pflichterfüllung, oder eventuell eine Beförderung, die mit erfolgreichem Aufklären von Fällen gekoppelt ist. Um ihn nicht wie einen profillosen Pappkameraden durch die Gegend stolpern zu lassen, bieten sich Nebenplots an, die eine Charakterentwicklung beinhalten.

Wie im Thriller und Spannungsroman gibt es auch im Krimi eine Komponente der Bedrohung, und zwar durch einen frei herumlaufenden Täter. Allerdings ist sie begrenzt, da der Ermittler nur selten selbst von ihr betroffen ist.

In der Einleitung werden nicht nur der oder die Protagonist/en und das auslösende Ereignis vorgestellt, sondern manchmal auch der Antagonist selbst. In einem reinen Krimi wird der

Täter nicht eingeführt, da ihn der Leser erraten soll. Wird der Täter eingeführt, kann ein Thriller-Element entstehen, wenn es eine Bedrohung des Ermittlers gibt; zum Beispiel bei einem geplanten Angriff auf ein Familienmitglied. Die Kernfrage verschiebt sich dann von „Wer-war-es?" zu „Wie-wird-der Täter-gefangen?".

Der Übergang zum nächsten Akt – egal ob Dreiakter oder Fünfakter – findet durch die Übernahme des Falles durch den Ermittler statt. Dies kann auch durch dessen innere Einstellung erfolgen, wenn beispielsweise ein Routinefall, zu einem, mit persönlichem Hintergrund wird.

Die Mitte des Plots stellt zugleich den Zenit des Spannungsbogens dar, an dem die Figur am weitesten von der Lösung des Falls entfernt ist. Der Ermittler erkennt, dass er den Falschen verfolgt hat. Dieser Punkt markiert oft die Abkehr vom reagierenden hin zum agierenden Protagonisten, der den wahren Täter nunmehr in die Enge treibt.

Kurz vor der Überführung des Täters, holt der einen letzten Trumpf aus dem Ärmel, und kann sich so der Festnahme beinahe entziehen – aber eben nur beinahe. Dies ist der Höhepunkt der Geschichte. Danach folgen relativ rasch Aufklärung und Ende.

Natürlich muss Ihr Krimiplot diesem Schema nicht folgen. Der Ermittler kann durchaus zwei oder mehrere Fehlschläge erleiden, oder auch dem Täter von Anfang an auf der Spur sein. Dann überkommen ihn Zweifel, ob er's wirklich war. Eventuell kennt der Leser den Täter von Anfang an, und verfolgt gespannt das Katz-

und-Maus-Spiel. Vielleicht entwickelt er ja sogar Sympathien für den Täter. Zur Kernfrage „Wer-war-es?", können sich also weitere hinzugesellen. Das ist der Grund, warum es beim Krimi so viele Subgenres gibt.

3.9.4 Der Thriller-Plot

Einen guten Thriller zu schreiben ist schwer. Viele auf dem Markt angebotene sind keine im eigentlichen Sinn, sondern eher Krimis, mit einem zusätzlichen Spannungselement. Auch kann der Thriller im Verbund mit anderen Genres stehen, wodurch sich eine Vielzahl neuer Varianten ergibt; zum Beispiel der romantische Thriller.

Thriller sind meistens plotgetrieben und können trotzdem Charakterentwicklungen zeigen. Der Einstieg erfolgt stets als Reaktion auf die Tat eines Antagonisten und nicht etwa durch die Entscheidung des Helden, etwas an seiner Situation zu ändern. Dies geschieht erst – wenn überhaupt – im zweiten Schritt.

Streng genommen beschäftigt sich der Thriller mit einer Bedrohung, also nicht mit einem bereits erfolgten Ereignis. Diese Bedrohung sollte möglichst global und zukunftszerstörend sein. Was ist damit gemeint? Eine globale Bedrohung betrifft entweder die innere oder die äußere Welt des Helden. Nicht der Tod einer fremden Person ist hier gemeint, sondern seine ganz persönliche Welt. Dies kann die Familie sein oder die gesamte Erde. Auch eine innere Zerstörung kann eine solche Bedrohung darstellen, wenn der Protagonist an seinem Verstand zweifelt, oder das Scheitern im Beruf und/oder Ehe ihm den Lebenswillen raubt.

Im klassischen Thriller kämpft der Held gegen eine übermächtige Organisation, die eine Regierung oder ein ganzes Land zerstören will, oder beispielsweise auch gegen das organisierte Verbrechen, und kommt dadurch in akute Lebensgefahr. In diesem Fall wirkt sich die Bedrohung auf mehrere Menschen aus, wobei der Protagonist davon genauso betroffen ist. Der Leser weiß, dass im Falle eines Scheiterns, etwas ganz Schreckliches passieren wird. Noch mehr Menschen werden dem Bösen zum Opfer fallen.

Der verzweifelte Kampf des Protagonisten gegen die Zerstörung seiner Welt macht den Thriller aus und erzeugt die Spannung. Mehr darüber im nächsten Kapitel.

Die Kunst des Thriller Schreibens besteht darin, die Spannung im gesamten Manuskript aufrechtzuerhalten.

Der Leser wird schon früh mit der Bedrohung konfrontiert, die der Antagonist initiiert. In der Folge zeigt er seine Möglichkeiten auf, wobei diese nicht zwingend zum Einsatz kommen müssen. Hauptsache, der Leser erfährt, wie weit er gehen wird, um sein Ziel zu erreichen. Die Einleitung zeigt den Helden im Normalleben. Wir fürchten um ihn, da er dem Unhold kaum gewachsen ist. Wird er es schaffen, die Bedrohung abzuwenden?

Wie gesagt, muss dem Thriller nicht unbedingt eine Lebensbedrohung durch Mord und Totschlag zugrunde liegen. Die Geschichte eines Mannes, der vor dem Bankrott steht und deshalb seine Frau verlieren wird, kann ebenfalls als Thriller geschrieben werden. Auch hier ist es wichtig, dass die Bedrohung ihn betrifft und ebenso sein Umfeld.

Ist eine Charakterentwicklung vorgesehen, wird der Protagonist im Übergang vom ersten zum zweiten Akt die Entscheidung treffen, den Kampf gegen das Böse aufzunehmen. Er kann die Entwicklung aber auch in einem Nebenplot durchmachen.

Die Mitte beschäftigt sich wie gehabt mit den Fehlschlägen des Protagonisten. Das Böse scheint stets einen Schritt voraus zu sein, die Situation wird immer bedrohlicher, bis der Held das Richtige tut und so den Höhepunkt herbeiführt. Auch das Ende folgt dem üblichen Schema, je nachdem, welches gewählt wurde, wobei das gute Ende deutlich überwiegt.

Abschließend muss erwähnt werden, dass beim Schreiben eines Thrillers unbedingt auf den Stil zu achten ist. Wenn Füllwörter und Adjektive auf einer Abschussliste stehen, dann hier. Der Erzählton sollte knapp und präzise gehalten sein, Metaphern und Schnörkel sind möglichst zu vermeiden. Auch dem Humor soll wenig Spielraum gegeben werden. Die meisten erfolgreichen Thriller sind nämlich ziemlich humorlos, denn wir sollen um den Helden Angst haben und nicht über ihn lachen.

3.9.5 Der Spannungsroman-Plot

Der Spannungsroman ist schwierig einzuordnen, denn im Grunde ist jeder Roman, der Spannung erzeugt, einer. Krimis und Thriller würden also ebenfalls darunter fallen. Er befasst sich eher mit der Frage, warum etwas geschieht oder geschehen wird, und damit, wie ein Ereignis verhindert werden kann. Der Spannungsroman unterscheidet sich vom reinen Entwicklungsroman durch die Komponente der Bedrohung, die eben subtil und latent sein kann.

Außerdem verlangt er ein langsameres Tempo sowie mehr Konzentration auf die Charaktereigenschaften der handelnden Personen. Vor allem psychologische Spannungsromane erforschen deren Psyche intensiv.

3.9.6 Zusammenfassung:

Genres unterscheiden sich im Wesentlichen durch ihre Kernfrage, aus der die Spannung sich entwickelt. Sie entsteht aus dem Hauptkonflikt und wird möglichst früh im Roman (in der Einleitung) gestellt.

Der genrespezifische Plot dreht sich um die Beantwortung dieser Kernfrage.

Die Kernfrage des Liebesromans ist immer, ob sie zusammenkommen. Die Frage, wie dies geschieht, ist zweitrangig.

Der Krimi beschäftigt sich stets mit der Frage, wer der Täter war, und sekundär, wie ihn der Ermittler fangen wird.

Beim Thriller hingegen wird gefragt, wie der Held die Bedrohung seiner Welt (figürlich oder im übertragenen Sinne) abwenden kann. Spannungsromane beschäftigen sich mit dem „Warum?" oder „Was ist passiert?". Kreuzungen kommen selbstverständlich vor, aber es sollte immer eine dominante Kernfrage geben.

3.10 Masterplots
Alles schon mal da gewesen

Sind nicht alle Plots gleich oder sich zumindest sehr ähnlich? Diese Frage wird oft gestellt. Daher gibt es immer wieder Versuche, Plots auf einen gemeinsamen Nenner zu reduzieren, oder eine allgemeingültige Formel für sie zu finden. Lässt man alle Feinheiten und Eigenheiten eines Plots weg, kann das auch bis zu einem gewissen Grad erreicht werden.

Junge verliebt sich in Mädchen oder Mädchen verliebt sich in Jungen = ein typischer Liebesroman.

Ermittler fängt Verbrecher = ein Krimi.

Geheimagent verhindert Schlimmes = ein Thriller.

Unzählige Plots auf wenige zu reduzieren, erreicht man durch die Kategorisierung der Kontrahenten. Dabei entstehen drei prinzipielle Konstellationen:
- Mensch gegen Mensch
- Mensch gegen Natur
- Mensch gegen sich selbst

Während die meisten Geschichten auf einen Konflikt von „Mensch gegen Mensch" hinauslaufen (Protagonist versus Antagonist), gibt es vor allem im Abenteuersektor den Kampf „Menschen gegen Natur" oder „gegen Naturgewalten". „Mensch gegen sich selbst" fällt meist unter die Kategorie Entwicklungsroman. Protagonist und Antagonist sind hier ein und dieselbe Person. Die Bekämpfung einer Sucht wäre ein entsprechendes Beispiel.

Die obige Auflistung lässt sich noch erweitern:
- Mensch gegen Gesellschaft
- Mensch gegen Schicksal
- Mensch gegen Technik

Science Fiction beschäftigt sich gern mit Letzterem. „2001: Odyssee im Weltraum" von Arthur C Clarke ist ein berühmtes Beispiel, und im Filmsektor „Matrix" der Wachowski Brüder, aber auch „I, Robot" von Jeff Vintar und Akiva Goldsman. „Mensch gegen Gesellschaft" findet meist in Dystopien statt. „V wie in Vendetta" (Romane von Alan Moore, der Film basiert auf dem Skript der Wachowski Brüder) und die „Die Tribute von Panem" von Suzanne Collins. Allerdings wird gerne ein Antagonist aus der Gesellschaft herauskristallisiert, möglicherweise, um das Böse leichter zu identifizieren.

Einen anderen Versuch zur Vereinfachung der Plots hat Christopher Booker in seinem Buch „The Seven Basic Plots" unternommen. Er hat die Handlungen vieler Geschichten – vor allem die von Kinofilmen – untersucht, und sie auf sieben Masterplots reduziert, die sowohl allein als auch in Kombinationen auftreten können:

1. Das Gute gegen das Böse
2. Vom Tellerwäscher zum Millionär
3. Die Suche
4. Hin und zurück
5. Die Komödie
6. Die Tragödie
7. Die Wiedergeburt

Diese Plots sprechen jeden von uns auf eine gewisse Weise an, denn sie sind leicht erkennbar und daher nachvollziehbar. Wer kennt nicht den Kampf des Guten gegen das Böse? Wer möchte sich nicht selbst von einem Bankrotteur zum Tycoon entwickeln?

1. Das Gute gegen das Böse
Der Held kämpft gegen das Böse und zieht aus, es zu zerstören. Der Plot folgt meist der Struktur des Heldenepos. Beispiele wären „Terminator", „Beowulf", „Star Wars", „Avatar".

2. Vom Tellerwäscher zum Millionär
Der Underdog entwickelt sich zum Helden und bekommt so Reichtümer und den perfekten Partner. Das „falsche" Ende ist wichtig, wenn der Held meint, das Gesuchte gefunden zu haben, sich dies aber als Irrtum herausstellt. Er kann nun die Suche fortsetzen oder aber feststellen, dass er bislang dem Falschen nachgejagt ist.

3. Die Suche
Der Held erfährt wörtlich oder durch Gegenstände von einem Schatz, sucht und findet ihn. Dem Suchenden wird zumeist nur zur Auflockerung ein (oder mehrere) komplementärer Gefährte zur Seite gestellt. Auch nach inneren Werten kann gesucht werden. Beispiele hierfür sind: „Indiana Jones", „National Treasure", oder ganz klassisch „Parzival".

4. Hin und Zurück
Der Held reist in ein magisches Land, überwindet dort Hindernisse, besiegt das Böse und kehrt gereift zurück. Das Heldenepos besitzt hier ebenfalls eine grundlegende Struktur, eventuell auch eine Rahmenstruktur, in der die Reise in der Binnenhandlung stattfindet. Auch hier können Gefährten eingesetzt werden. Beispiele: „Chroniken von Narnia" von C.J. Lewis, „Alice im Wunderland" von Charles L. Dodgson, „Die unendliche Geschichte" von Michael Ende.

5. Die Komödie
Held und Heldin verlieben sich ineinander und versuchen gegen allerlei Widerstände zusammenzukommen. Nachdem sie herausgefunden haben, wer sie wirklich sind, bewältigen sie die Schwierigkeiten gemeinsam. Dieser Plot läuft leicht Gefahr, zu oberflächlich zu erscheinen, daher sollten Sie bei der Figurenauswahl auf Konfliktreichtum achten. Fast alle Liebesromane fallen unter diese Kategorie.

6. Die Tragödie
Der Held verliert sich im Bösen, und wird am Ende besiegt. Damit das Ganze nicht zu düster rüberkommt, sollte ihm ein sympathischer Charakterzug mitgegeben werden.

7. Die Wiedergeburt
Der tragische Held erkennt seinen Fehler, bevor es zu spät ist, und es kommt zu einem guten Ende. Seine Wandelbarkeit sollte vorhersehbar sein. Ein sympathischer Charakterzug des Helden (oder zumindest von jemandem aus seiner unmittelbaren Umgebung) ist ebenfalls wichtig, um dem Leser das Mitfühlen zu erleichtern. Ein klassisches Beispiel hierfür ist: „Christmas Carol" von Charles Dickens.

Viele Bestseller, wie zum Beispiel „Der Herr der Ringe" oder „Harry Potter", sind entweder einem Masterplot nachempfunden oder übernehmen Elemente mehrerer und kombinieren sie neu.

In seinem Buch „20 Master Plots: And How to Build Them" geht Ronald B. Tobias einen Schritt weiter, indem er zwanzig Masterplots aus einer Vielzahl von Büchern extrahiert, die allerdings in ihren Grundzügen von den obigen sieben ableitbar sind (und natürlich auch von den drei Grundplots am Anfang des Kapitels). Eine schöne Zusammenfassung findet sich auf der Webseite „Changing Minds". Der Vollständigkeit halber sollen sie hier ebenfalls erwähnt werden:

1. Die Suche
Entspricht Bookers Suche. Der Held erfährt von einem Schatz wörtlich oder symbolisch, sucht und findet ihn.

2. Das Abenteuer
Nahe an Bookers Suche, nur werden äußere Ziele verfolgt und es findet mehr Aktion statt.

3. Der Underdog
Sehr nahe an Bookers Aufstieg. Ein unterdrückter Protagonist stellt sich als zäher Kämpfer heraus, und gewinnt am Ende.

4. Die Verfolgung
Der Held wird gejagt. Der Fokus liegt auf der Jagd.

5. Die Rettung
Jemand muss befreit werden.

6. Die Flucht
Jemand flieht und wird verfolgt.

7. Die Rache
Dem Held wurde Unrecht getan und er versucht, Rache zu nehmen.

8. Das Rätsel
Der Held muss ein Rätsel/mehrere Rätsel lösen.

9. Der Wettkampf
Zwei (oder mehrere) Gruppen kämpfen um den Sieg.

10. Die Versuchung
Ein innerer Kampf gegen eine Versuchung.

11. Die Metamorphose
Der Held wird verwandelt und muss sich befreien.

12. Die Reifung
Ähnlich wie die Wandlung, nur dass es hier um einen Reifeprozess geht.

13. Die Liebe
Entspricht Bookers Komödie.

14. Die verbotene Liebe
Variante der Liebe

15. Das Opfer
Der Held muss etwas oder sich selbst opfern, um sein Ziel zu erreichen.

16. Die Entdeckung
Der Held macht eine schreckliche Entdeckung und muss sich entscheiden.

17. Der Aufstieg
Entspricht Bookers Vom Tellerwäscher zum Millionär.

18. Der Abstieg
Entspricht Bookers Tragödie: Der Held verliert sich im Bösen, und wird am Ende besiegt.

19. Die Wandlung
Der Held entwickelt sich zum Besseren.

20. Der Exzess
Der Held lebt im Exzess und wird so zum Gleichnis für die Verderbtheit der Welt.

Wie können Sie originell sein und etwas Neues erfinden, wenn alles schon einmal da war und sich jeder Plot auf einige Grundplots reduzieren lässt? Die Antwort findet sich in den Zutaten. Wie bei einer Speise, die Sie nach Rezept kochen, können Sie durch Verändern der Zutaten schnell eine Variation, einen neuen Geschmack kreieren. Oder wie beim Einrichten einer Wohnung: Jede hat eine Küche, ein Schlafzimmer und ein Wohnzimmer, aber man richtet sie nach seinen eigenen Vorstellungen ein.

Trotz aller Bemühungen originell zu sein, sollte man sich über solche Kategorien Gedanken zu machen. Um beim Beispiel der Wohnung zu bleiben: Es macht nicht viel Sinn, das Schlafzimmer in ein Bad umzuwandeln, außer man liebt es, in der Badewanne zu schlafen. Vielleicht findet man beim Durchstöbern der Meisterplots ja den einen oder anderen Hinweis, wie man die Geschichte spannender, ansprechender oder fesselnder schreiben könnte.

Aufgabe:

Analysieren Sie die Struktur dreier Lieblingsbücher von Ihnen.

- Heldenreise/Dreiakter/Vierakter oder etwas ganz anderes?
- Wie stehen Einleitung, Mittelteil und Auflösung zueinander?
- Ist ein Masterplot zu erkennen?
- Schreiben Sie auf, welche Plotpunkte Sie in Ihrem Lieblingsactionthriller finden.
- Achten Sie beim Schauen Ihres nächsten Kinofilms auf Plotpunkte.

3.11 Die Dreier-Regel

Nicht nur in der Rhetorik, sondern auch bei der Figurenaufstellung zieht die Dreier-Regel den Leser in ihren Bann: Drei Wünsche, drei Schweinchen, der Teufel mit den drei goldenen Haaren ... Schon die alten Märchenerzähler wussten um die Magie dieser Zahl. Man sagt, sie entstammt der heiligen Dreifaltigkeit, manche ziehen die Drei als kleinste Primzahl zur Erklärung unserer Faszination heran.

Übrigens können sich nicht nur drei Romanfiguren hervorragend ergänzen, sondern auch drei Fehlversuche des Protagonisten, die dann schließlich doch zur Auflösung führen. Wichtig dabei ist, dass es eine Steigerung bei den Konsequenzen der Fehlschläge gibt. Die Situation muss sich jedes Mal verschlimmern.

Aufgabe:

Schreiben Sie zu dem Ziel Ihrer Hauptfigur drei Fehlschläge auf, von denen einer schlimmer als der vorhergehende ausfällt. Diese drei können bereits das Grundgerüst Ihres Plots darstellen.

4. Die Spannung

„Das war ein spannender Roman!", rufen wir, die Hände noch schweißnass vor Aufregung. Wir konnten ihn einfach nicht weglegen. Doch was erzeugt eigentlich Spannung? Das Warten eines Kindes aufs Christkind ist ein gutes Beispiel dafür. Warten auf ein Ereignis, dessen Auswirkungen wir zu kennen glauben, erzeugt Spannung.

Ein Thriller, der mit der Vorstellung eines Serienmörders beginnt, erzeugt sie, weil wir erwarten, dass er wieder mordet. Wen wird es als Nächsten treffen? Wird der Täter vorher gefasst? Wir fürchten um das Opfer, weil wir zu wissen glauben, was passieren wird. Am liebsten möchten wir ihm zurufen: „Geh da nicht hin!", stattdessen lesen wir weiter, in der Hoffnung, die Tat würde verhindert werden. Thriller-/Krimischreiber bedienen sich dieses Effekts.

Es gibt aber auch andere Wege, um Spannung zu erzeugen. Die Nähe zu einem Protagonisten zum Beispiel, wenn wir mitfiebern, ob es ihm gelingt, seine inneren Konflikte zu lösen. Je näher wir am Protagonisten sind, desto mehr nehmen wir an seinen Schwierigkeiten teil, vor allem wenn wir wissen, was geschehen könnte.

Fragen offen lassen, ist eine andere Methode. Sie müssen nicht gleich alles über ihre Protagonisten offenbaren, obgleich Sie als Autor alles über ihn wissen. Der geheimnisvolle Fremde kann interessanter sein, wenn wir als Leser nicht sofort alles über ihn erfahren.

Schreiben Sie eine Szene, die damit endet, dass Ihre Heldin sich mit letzter Kraft an einem Baum festklammert, der am Rande einer Schlucht steht, und sie haben einen Cliffhanger erzeugt – im wahrsten Sinne des Wortes.

Wie Sie sehen, gibt es viele Möglichkeiten, Spannung zu erzeugen, lassen Sie ihre Fantasie spielen!

4.1 Spannung/Überraschung/Zufall

Der Leser weiß von einem bevorstehenden Ereignis, kennt den im Hintergrund lauernden Konflikt, während die Figur das drohende Unheil allenfalls ahnt. Diese Konstellation erzeugt beim Leser Spannung.

Im Gegensatz dazu steht das Element der Überraschung, die unvorhergesehene Wendung im Plot, die der Leser durchaus erraten kann, für den Protagonisten aber aus heiterem Himmel kommt. Wenn in dem Film „Krieg der Sterne", Darth Vader seinem Gegenspieler Luke eröffnet: „Ich bin dein Vater." ist das ein Überraschungselement – zumindest für die Figur, denn so mancher Zuschauer mag es erraten haben. In diesem Fall wartet er gespannt auf Lukes Reaktion.

Daneben gibt es noch den Zufall. Etwas passiert zufällig und bringt die Pläne der Figuren durcheinander. Zufall und Überraschung ähneln sich, denn beide kommen ohne Vorwarnung.

Zufälle bestimmen unser Leben, Überraschungen hingegen sind seltener – vor allem freudige. Geschichten sind aus dem Leben gegriffen. Was ist also das Problem mit den Zufällen in einer Story? Sie unterbrechen den kausalen Zusammenhang der Handlungsstränge. Aktion-Reaktion-Aktion. Diese motivierten Reaktionssequenzen ziehen sich wie eine Kette durch unseren Plot. Ein Zufall unterbricht sie. Weder Leser noch Figur können ihn vorhersehen. Zufällig kommt der Gute am Wohnsitz des Bösen vorbei. Oder: Zufällig fährt die Heldin an einem Restaurant vorbei, das ihr Zukünftiger soeben mit seiner Schwester verlässt, die ihr aber unbekannt ist.

Ist das interessant? – Eventuell. Ein Zufall per Geschichte lässt sich noch verkraften, notfalls auch zwei, aber manche Autoren reihen ein zufälliges Ereignis ans andere und wundern sich, warum der Leser die Geschichte nicht spannend findet und sich über langweilige Charaktere beklagt.

Eine Überraschung hingegen ist das Resultat einer Handlung. Jemand überrascht die Figur mit einer Tat. Auch ein Zufall kann die Figur überraschen – die Unterschiede liegen in den Nuancen.

Konzentrieren wir uns im Folgenden auf den Unterschied zwischen einer Überraschung und dem Spannungselement.

Alfred Hitchcock – ein Meister der Spannung – definierte ihn folgendermaßen:

Ein Paar sitzt in einem Restaurant und speist. Plötzlich detoniert in unmittelbarer Nähe eine Bombe.

Das ist eine Überraschung, da sowohl der Leser als auch das Paar dieses Ereignis nicht vorhersehen konnte. Ein Zufall wäre es, wenn das Paar nicht das Ziel der Bombe war; eine Überraschung, wenn es ermordet werden sollte und es dafür keine Vorzeichen gab.

Ein Paar sitzt im Restaurant und speist. Unter ihrem Tisch tickt eine Zeitbombe, von der der Leser weiß. Er fragt sich nun gespannt, was wird geschehen, und werden die beiden die Gefahr rechtzeitig erkennen? Sollte sie explodieren, mag das die Zwei überraschen, nicht aber den Leser.

Ein anderes Szenario: Mann und Frau sitzen im Restaurant und speisen. Sie weiß, dass ein Mörder hinter ihr her ist, und vermutet ihn draußen auf dem Parkplatz.

Auch das erzeugt Spannung. Die Figur – und somit auch der Leser – weiß zwar um die Gefahr, nicht aber, wann sie eminent wird. Es entsteht eine Erwartungshaltung.

Spannungserzeugung funktioniert nicht nur mit äußeren Konflikten, sondern auch mit inneren.

Ein Beispiel:

Sie ist mit ihrem Leben zufrieden, ist Hausfrau, hat zwei süße Kinder und einen liebevollen Ehemann. Dennoch fehlt ihr etwas, ohne genau sagen zu können, was es ist; vielleicht ein unerfüllter Wunsch. Das geht solange gut, bis …

Wichtig bei allen Konflikten sind passende Szenen, durch die der Leser eine Chance bekommt, den Zwiespalt zu bemerken und ihn richtig einzuschätzen, wodurch dann Spannung entsteht.

4.2 Der Cliffhanger

Die Wirkung des Cliffhangers – ein Wort aus den Kindertagen des Films – erschließt sich nun auch. Der Held kommt in eine prekäre Situation, deren Lösung wir dem Leser aber bis zur nächsten Szene oder noch besser bis zum nächsten Kapitel vorenthalten. Die Spannung wird durch das Wissen erzeugt, dass etwas passieren wird.

4.3 Die Rückblende und der Prolog

Warum wird in vielen Schreibratgebern vor dem Einsatz eines Rückblicks gewarnt? Die Antwort ist einfach: Weil er den chronologischen Ablauf und somit auch den Spannungsbogen unterbricht.

Rückblicke entstehen dann, wenn der Autor meint, ein Geschehen aus der Vergangenheit einer Figur zum besseren Verständnis des Lesers aufzeigen zu müssen. Dieser Zeitsprung zurück kann entweder als kurzes Erinnerungsschnipsel, als längere Passage, als Szene, ja sogar als ganzes Kapitel eingearbeitet werden, birgt aber die Gefahr in sich, den Lesefluss zu hemmen und den Leser zu verwirren. Der Leser bewegt sich nämlich mit Fortlauf der Geschichte vorwärts und nicht rückwärts. Deswegen sollten Rückblicke mit Vorsicht und sparsam eingesetzt werden.

Wie kann man nun aber wichtige Informationen aus der Vergangenheit des Protagonisten einfügen? Am einfachsten sind Erinnerungsschnipsel, die gelegentlich, aber stets durch die Handlung motiviert, eingestreut werden – manchmal als Halbsatz, manchmal als Satz oder Absatz. Geschickt eingesetzt, können diese Schnipsel helfen, die Spannung zu erhöhen, wobei darauf zu achten ist, dass sie einen Bezug zum gegenwärtigen Geschehen haben. Fliehen Held und Heldin vor einer Gefahr mit dem Auto, ist es uninteressant, welche Socken er vor zehn Jahren zu Weihnachten bekommen hat, selbst wenn er sie gehasst hat. Dass er jedoch nie die Führerscheinprüfung geschafft hat, schon eher.

Es mag sich anfangs ungewohnt anfühlen, die Hintergrundinformationen stückweise einfließen zu lassen, bis der Leser am Ende alles erfährt, was in der Vergangenheit zur Motivation der Hauptperson beigetragen hat. Stellen Sie sich vor, sie schrieben die Vorgeschichte auf ein Glas, das sie zerschmettern, in der Art, dass sich auf jedem Splitter ein Stück Information befindet. Dann breiten Sie in Gedanken ihr Manuskript aus, Blatt neben Blatt und verteilen die Glassplitter über ihr Manuskript. Am Ende haben Sie alle Informationen untergebracht, ohne einen einzigen Rückblick.

Das wohldosierte Einflechten dieser Informationen bietet zudem den Vorteil, nicht gleich alles verraten zu müssen und einige Fragen offen lassen zu können, was dann die Neugier des Lesers beflügelt. Was tun, wenn nun doch ein Rückblick, und noch dazu ein langer, hinein muss? Das wichtigste ist: Ihn interessant gestalten, möglichst nicht als Gedankenmonolog, sondern als erlebte Szene (oder Szenen) mit eigenem Spannungsbogen. Das zweitwichtigste ist, wann der Rückblick stattfindet. Der New Yorker Superagent Donald Maass fordert, Rückblicke nicht vor Normseite 100 einzubringen, um dem Leser genügend Zeit zu geben, sich in die gegenwärtigen Situation einzufinden.

Soll die Rückblende innerhalb eines Kapitels oder einer Szene stattfinden, ist es ratsam, nur die Einleitung des Rückblicks im Plusquamperfekt zu schreiben, wenn die Haupt-Zeitform das Präteritum ist; entsprechend im Perfekt beim Präsens.

Damals, als Lisa noch zur Schule gegangen war, hatte sie sich mit ihrer Freundin darüber unterhalten, wie sie sich das Leben als verheiratete Frau vorstellte.

„Also, nur Hausfrau zu sein, käme für mich nie in Frage", sagte sie.

„Für mich schon", antwortete die Freundin.

„Schließlich will ich Karriere machen." Das war damals ihre Einstellung gewesen, bevor sie Klaus kennengelernt hatte.

In diesem Beispiel wird der Text von der abgeschlossenen Vergangenheitsform eingerahmt.

In jedem Fall sollten Sie prüfen, ob eine Rückblende wirklich notwendig ist, oder ob die

Einstreumethode nicht vorteilhafter für den Spannungsbogen wäre.

Ähnliche Überlegungen gelten auch für den Prolog, der meistens nichts anderes als eine vorgezogene Rückblende ist. Der Prolog geht der eigentlichen Erzählung voraus und dient zur Etablierung und zur Erklärung der Ausgangslage.

Üblicherweise findet die Handlung des Prologs in einer weiter zurückliegenden Vergangenheit statt als das Einstiegskapitel. Die grundlegende Frage stellt sich, ob die im Prolog gegebene Information wirklich notwendig ist, um die nachfolgende Geschichte zu verstehen. Was passierte, wenn es ihn nicht gäbe? Welche Fragestellung soll der Leser aus dem Prolog mitnehmen? Korrespondiert diese mit der Hauptfrage des Romans? Können die Informationen nicht auch tröpfchenweise der Haupterzählung zugefügt werden?

Wenn Sie einen Prolog planen, notieren Sie sich, warum Sie meinen, dass er notwendig ist!

4.4 Von Haupt- und anderen Plots

Geschichtenweben

Neben dem Hauptplot, der sich um das Ziel und den Konflikt des Protagonisten dreht, kann es weitere Handlungsstränge mit ihren Plots geben. Diese können dem Haupthandlungsstrang untergeordnet sein oder gleichwertig parallel laufen. Sind sie untergeordnet, dann nehmen sie auf den Verlauf des Haupthandlungsstrangs Einfluss. Diese Plots werden dann

„Subplot" oder „Unterplot" genannt; auch der Begriff „Sekundärplot" ist zutreffend. Parallelplots hingegen beeinflussen den Hauptstrang kaum.

Ein Nebenplot kann dem Geschehen mehr Spannung und Tiefe verleihen, da er dem Protagonisten weitere Ziele, Motive und Konflikte mitgibt. Meist gehört der Nebenplot einem anderen Genre an.

Schauen wir uns als Beispiel einen Krimi an: Ein Mord an einer Frau geschieht. Kriminalkommissar Robert X erhält den Auftrag, den Mörder hinter Schloss und Riegel zu bringen. Das ist der Hauptplot des Krimis, der sich primär um die Fragen „Wer war's, und wie kann Robert ihn fangen?" drehen wird.

Fügen wir nun einen Unterplot hinzu: Robert verliebt sich in eine Journalistin, die über diesen Fall recherchiert.

Damit haben wir einen Unterplot geschaffen, der ein Liebeselement beinhaltet und nun entweder separat neben dem Hauptplot herlaufen oder ihn beeinflussen kann.

Läuft er nur lose nebenher, wird der Ausgang des Unterplots die Geschichte des Hauptplots nicht beeinflussen. Egal, ob Robert und die Journalistin zusammenkommen oder nicht, er wird den Mörder auf jeden Fall fangen. Der Nebenplot trägt lediglich zur Abrundung des Protagonisten bei.

Der Nebenplot bekommt mehr Gewicht, wenn die Liebesbeziehung von der Hauptaufgabe ablenkt. Aber was nun, wenn die Journalistin von dem Frauenmörder entführt wird? Plot und Unterplot vereinen sich dann zu einem Ganzen.

Wir können noch einen Schritt weitergehen. Geben wir dem Frauenmörder eine Stimme. Im Krimi sollte das seltener angewendet werden, dafür häufiger im Thriller, denn der Leser kennt den Antagonisten und ist ihm gegenüber der Sichtweise des Protagonisten einen Schritt voraus. Da Protagonist und Antagonist nicht miteinander korrespondieren, ist der Plot des Frauenmörders ein Nebenplot, der parallel zum Hauptplot verläuft.

Haupt-, Unter- und Parallelplot sollten zwischen der Mitte und dem Ende der Story zusammenlaufen.

Um den Überblick zu behalten, hat sich eine Tabelle mit den einzelnen Kapiteln/Szenen des Hauptplots bewährt, neben denen die entsprechenden zeitlichen Abfolgen des Unterplots und/oder des Nebenplots aufgelistet werden. Dies verdeutlicht die Übergänge der einzelnen Plots und wie sie den Hauptplot unterstützen.

Mehrere Plots können helfen, die Spannung zu heben, vor allem durch einen geschickt gewählten Übergang von einem Handlungsstrang zum anderen. Lassen Sie die Dame ruhig über dem Abgrund baumeln, während Sie zum Helden, der gerade von einem Grizzlybär auf den Baum gejagt wird, schwenken.

Zu viele Nebenplots können allerdings vom Hauptgeschehen ablenken, vor allem, wenn es sich um Parallelplots handelt, die vom Hauptplot relativ unabhängig sind.

Zusammenfassend kann man sagen, dass Nebenplots entweder dem Handlungsstrang des Protagonisten dienen sollen – Beispiel: Frauenmörder und Kommissar – oder die Plots behandeln ein gemeinsames Thema und sind dadurch miteinander verbunden. In dem Film „Love Actually" (Tatsächlich ... Liebe), wird das Thema „Liebe" anhand von Schicksalen mehrerer Menschen aus verschiedenen Perspektiven beleuchtet. Die Parallelplots sind hier nur lose miteinander verknüpft, bedienen aber in ihrer Gesamtheit das übergeordnete Thema. Die allermeisten Unterhaltungsromane sind allerdings wesentlich übersichtlicher gestrickt: Ein Hauptplot und allenfalls ein oder zwei Nebenplots.

Wann ist ein Nebenplot zu lose und zu unabhängig? Wenn Sie ihn entfernen können, ohne dass sich dadurch Konsequenzen für den Hauptplot oder das Thema ergeben. Probieren Sie es aus, indem Sie eine Zusammenfassung des Hauptstrangs schreiben. Das müssen Sie sowieso für ein Exposé oder auch für die Vorplanung. Lässt sich der Nebenplot einfach entfernen, ohne dass sich etwas am Ausgang des Hauptplots ändert, ist er zu lose.

Warum hat das Kapitel den Untertitel „Geschichtenweben"? Weil die Handlungsstränge wie ein Zopf mit der Story verflochten sind. Sie müssen am Ende ein Ganzes werden, sonst zerfällt die Geschichte.

Wie viele Plots können Sie in einem Buch vereinen, ohne dass der Leser die Orientierung verliert und die Spannung verloren geht?

Das hängt von der Größe des Buches ab. Kurzromane und Novellen vertragen nur einen Plot, während 600 Seiten Wälzer vier oder fünf vertragen – niemals sechs. Außer, Sie heißen

Stephen King – behauptet zumindest der Autor James Scott Bell.

4.5 Die Perspektive

Er oder Ich?

Perspektive ist und bleibt das Topthema eines Kritikzirkels. Ist der Satz eine Perspektivverletzung, und wenn ja, ist sie erlaubt oder gar notwendig? Schreibt man einen Thriller besser auktorial oder personal? Ist die Anfügung „sagte er beiläufig" eine Interpretation des Erzählers oder ein Perspektivbruch? Mit diesen Fragestellungen lässt sich ein langweiliger Diskussionsabend unter Schriftstellern neu beleben.

Das Thema Perspektive wurde in der Vergangenheit von verschiedenen Autoren unter die Lupe genommen. Dabei traten oft relativ einfache aber auch überaus komplizierte Interpretationen zutage. Außerdem werden die Erkenntnisse in Europa etwas anders ausgelegt als in den USA. Einfach ist jedenfalls nichts, wenn es um Perspektive geht.

Da eine genauere Ausführung des theoretischen Hintergrunds der Perspektive den Rahmen dieses Büchleins sprengen würde, wird dieses Thema nur angerissen und eine tiefere Durchdringung des Stoffs ihrer Wissbegierde überlassen.

Warum aber gehört die Perspektive zum Themenkomplex Spannung? Weil die Wahl der Perspektive sehr zum Spannungsaufbau eines Romans beiträgt.

Holen wir etwas weiter aus und schieben ein bisschen Theorie ein. Die meisten Romane werden in zwei Perspektiven geschrieben:
Erste Person = Ich-Erzähler
Dritte Person = Er/Sie-Erzähler
Die dritte Person kann sowohl als interne als auch als externe Erzählform vorkommen. Weitere sind: Zweite Person = Du, oder erste Person Plural = Wir. In Romanen sind sie aber nur selten vorzufinden, da sie schwierig zu schreiben und für den Leser ziemlich gewöhnungsbedürftig sind.

Welche Perspektive für welchen Roman?
Um das beantworten zu können, müssen wir ein bisschen weiter ausholen, denn der Begriff Perspektive umfasst die Position des Erzählers zur handelnden Figur und dessen womöglich subjektiv eingefärbte Betrachtungsweise zu ihr. Daher unterscheidet man folgendes Erzählverhalten: personal, neutral und auktorial. Klingt ganz schön kompliziert, nicht wahr?
Stellen Sie sich vor, Sie stehen auf einem Kirchturm und schauen hinunter auf die Stadt. Sie sind ihr aber noch nahe genug, um Einzelheiten erkennen zu können. Beschreiben Sie nun, was Sie sehen: Eine Frau überquert den Marktplatz, ein Mann steigt in den Bus. Wenn Sie das Gesehene aufschreiben oder einem anderen erzählen, sind Sie ein externer Erzähler. Sie können nicht wissen, was der Mann oder die Frau denken und fühlen, aber Sie können mitteilen, was sie tun und/oder was mit ihnen geschieht. Wenn Sie das Erlebte ohne eine Bewertung oder Interpretation wie eine Kamera

aufzeichnen und wiedergeben, sind Sie ein neutraler Erzähler. Sollten Sie all-wissend sein und die Gedanken der Personen lesen können, sind Sie ein auktorialer Erzähler. Diese Erzählform war jahrhundertelang gebräuchlich, wurde inzwischen aber - vornehmlich im englischen Sprachraum - vom internen oder personalen Erzähler abgelöst. Der interne Erzähler der dritten Person sitzt quasi in der handelnden Figur, sieht, hört, schmeckt, riecht und fühlt dasselbe wie sie, kennt sogar ihre Gedanken. Dieser Erzähler ist sehr stark mit dem Ich-Erzähler verwandt, weshalb die Unterschiede nur marginal sind. Die Vorteile liegen auf der Hand: Nirgendwo kann sich der Leser mehr mit der Figur identifizieren, als durch diese intime Erzählerposition. Wer die Schreibmethode „show, don't tell = zeigen, nicht erzählen", beherzigen will, sollte eine der beiden personalen Erzählerperspektiven wählen.

Schauen wir uns die drei Hauptperspektiven genauer an:

Der interne Erzähler, auch personal genannt, sitzt, wie gesagt, quasi in der handelnden Figur, sieht, hört, schmeckt, riecht, fühlt wie sie, und erlebt ihre Gedanken mit. Die Bewertung der Situation erfolgt durch die handelnde Figur, die Erzählweise ist subjektiv aus dem Blickwinkel der Figur. Im nachfolgenden Beispiel sitzen wir in der Heldin:
Er hob das Glas und lachte sie an.

Was für ein toller Mann, süße Grübchen. Ob er auch treu sein konnte? Sie nippte von ihrem Rotwein, der nach Brombeeren und Vanille schmeckte. Hitze stieg in ihre Wangen, während sie die Tischdecke studierte. „Was für ein toller Mann" ist im obigen Beispiel ein direkter Gedanke. Oft lesen Sie dahinter ein „dachte sie" oder „dachte er", das aus dem direkten Gedanken eine indirekte Gedankenrede macht. Dies ist eigentlich in der internen Perspektive nicht nötig, denn wir wissen ja, in wessen Kopf wir sind. Trotzdem kann dieser Einschub manchmal Klarheit verschaffen, im Zweifelsfall sollte er aber weggelassen werden. Manchmal sehen sie direkte Gedanken auch in Kursivschrift, was zur Kennzeichnung ebenfalls möglich wäre.

Nun die auktoriale Perspektive, eine der externen Dritte-Person-Erzählweisen.

Der auktoriale Erzähler, auch oft allwissend genannt, steht über den Dingen und kann in alle Köpfe hineinblicken. Er weiß alles, auch was den handelnden Figuren verborgen ist. Somit kennt er alle Gedanken und Absichten der Figur, ihre Vergangenheit und ihre Zukunft. Er sieht, was sie sehen, hören, riechen, schmecken, fühlen, erzählt das Erlebte aber aus seiner Sicht. Er kann daher auch Dinge in die Erzählung einfließen lassen, die die Figur nicht kennen kann. Die Erzählweise ist daher subjektiv aus dem Blickwinkel des Erzählers, das heißt, der auktoriale Erzähler bringt seine Bewertung und seine Interpretation mit ein.

Er hob das Glas und lachte sie an, so wie er es bei allen Frauen tat.

Sie nippte von ihrem Rotwein. Er gefiel ihr und sie errötete mit niedergeschlagenen Augen, wie es sich für ein anständiges Mädchen gehörte.

Der auktoriale Erzähler kann ohne weiteres einen Gedanken einarbeiten, aber dieses Mal muss er einen Bezug setzen, sonst wären es seine Gedanken und nicht die der Figur:

Was für süße Grübchen, dachte sie und nippte an ihrem Rotwein.

Neutrale Perspektive ist ebenfalls eine externe Dritte-Person-Erzählerweise.

Der neutrale Erzähler befindet sich außerhalb der handelnden Figur, wie beim auktorialen, und wird daher auch externer Erzähler genannt. Er beobachtet die Figur, sieht eventuell, was sie sieht, hört, riecht, usw., aber da er ihre Gedanken und Gefühle nicht kennt, kann er keine Gedanken und Gefühle berichten. Wie eine Kamera zeichnet der neutrale Erzähler die Vorgänge auf. Der neutrale Erzähler interpretiert und bewertet die Vorgänge nicht. Im Gegensatz zum auktorialen Erzähler bleibt er in der Erzählweise objektiv. Gefühle der Figuren können ausschließlich durch Beschreiben von Körperreaktion und im Dialog wiedergegeben werden.

Er hob das Glas und lachte ihr zu. Sie nippte von ihrem Rotwein, errötete und schlug die Augen nieder.

Hier kann es keine Gedanken geben!

Der Ich-Erzähler ist eine Variante der personalen Perspektive. Man kann entweder das erlebende Ich in der Jetztzeit oder das erzählende Ich rückblickend darstellen. Die Erzählweise ist immer subjektiv, aus dem Blickwinkel der Ich-Figur.
Er hob das Glas und lachte mich an. Was für ein toller Mann, süße Grübchen. Ob er auch treu sein konnte? Ich nippte von meinem Rotwein, der nach Brombeeren und Vanille schmeckte. Meine Wangen wurden warm und bescheiden schlug ich die Augen nieder.

Weitere Beispiele zur Veranschaulichung:

Externer Erzähler neutral:
Georg saß den Flammen des Lagerfeuers zugewandt. Er beobachtete, wie sie ein Sandwich aus dem Rucksack holte. „Kann ich auch eines haben?", fragte er leise.
Lucy nickte. „Na klar."
Die Erzählung ist strikt auf Beobachtungen beschränkt Wir erfahren nicht, was Georg und Lucy denken, und wie sie sich fühlen.

Auktorialer Erzähler:
Georg sah den Flammen des Lagerfeuers zu, wie er es schon immer gerne getan hatte. Er beobachtete, wie sie ein Sandwich aus dem Rucksack holte. Da er Hunger verspürte, fragte er: „Kann ich auch eines haben?"
Zuerst zögerte Lucy, denn sie wollte nicht gerne teilen. Alles für mich, dachte sie, aber dann erwiderte sie: „Na klar."

Die Erzählung gibt Beobachtungen und Interpretationen wieder, wobei zu bedenken ist, dass hier auch etwas vom Erzähler – nicht von der Figur! – hinein interpretiert werden kann. Wenn Sie einen Satz anfügen, wie zum Beispiel: „Hätte er gewusst, dass gleich ein Bär aus dem Unterholz brechen würde, wäre er gleich auf den Baum gesprungen", dann schaut der auktoriale Erzähler in die Zukunft.

Personaler Erzähler:
Das Lagerfeuer flackerte lustig und verbreitete Wärme. Georg streckte seine Hände aus, um sie zu wärmen, während Lucy ein Sandwich aus dem Rucksack holte. Sofort sammelte sich Speichel in seinem Mund. Hm ... darauf hätte er jetzt auch Appetit. „Kann ich auch eines haben?"
Sie nickte: „Na klar."
Die Erzählung gibt seine Beobachtungen, Gefühle, Gedanken und ggf. Interpretationen wieder, aber über Lucy erfahren wir nur durch seine Beobachtungen.

Haben Sie sich für den internen, personalen Er/Sie Erzähler entschieden und soll die Geschichte aus mehreren Blickwinkeln erzählt werden, stellt sich die Frage, aus wessen Sicht die Szene erzählt werden soll.
Am besten aus der Sicht der Person, die am meisten zu verlieren hat, denn Emotionen sind ein Grundpfeiler des Geschichtenerzählens. Innenansichten und Gefühle verstärken das Erleben des Lesers. Ein Wechseln innerhalb der Szene wäre deshalb ungünstig, denn es be-

steht die Gefahr, die emotionale Bindung des Lesers an die Figur zu verlieren.

Es gibt Schriftsteller – besonders diejenigen, die ihr Handwerk vor dreißig, vierzig Jahren erlernt haben – die ungeniert zwischen den Köpfen hin und herspringen und damit sogar erfolgreich sind. Hierbei stellt sich die Frage, ob die Romane nicht an emotionaler Tiefe gewönnen, verzichteten sie auf diese Sprünge. Wie eingangs erwähnt, gäbe es zum Thema „Perspektive" noch viel zu sagen. Für unsere Zwecke ist nur wichtig zu wissen, dass ein personaler Erzähler sehr zur Spannungssteigerung beitragen kann, indem er innere Konflikte und die Gefühlswelt vermittelt, sodass der Leser das Geschehen hautnah miterlebt. Auch sieht der personale Erzähler – sei es in der dritten oder ersten Person – nicht in die Zukunft, und kann daher nichts vom Verlauf der Geschichte verraten, außer er erzählt im Rückblick.

Belassen wir es dabei. Sie haben sich also eine Erzählform ausgesucht und stellen sich nun die Frage, welche Zeitform könnte am besten dazu passen.

4.6 Welche Zeitform?

„Es war einmal" oder „Es ist"

Welche Zeitform ist die günstigere für Ihren Roman? Wie bei der Perspektive gibt es keine Regel und keine Vorschriften, es bleibt der Geschichte überlassen, in welcher Zeitform sie geschrieben werden will.

Die meisten Romane werden im Präteritum, also in der ersten Vergangenheit, geschrieben, einige auch im Präsens. Der Ich-Erzähler vermittelt in der Gegenwartsform eine kaum erreichbare Nähe, gefolgt vom Er/Sie-Erzähler. Nun mögen nicht alle Leser eine Erzählung im Präsens, und schon gar nicht in der Ich-Perspektive, da diese Kombination eben sehr intensiv wirkt. Es bedarf besonderer Sorgfalt sowie einer genauen Einhaltung der zeitlichen Abfolgen, um den Lesefluss nicht zu stören. Warum das so ist, soll nicht Thema dieses Büchleins sein, denn es hat etwas mit den Vorgängen im Gehirn während des Lesens zu tun. Kleine Anmerkung: Ist der Roman im Präsens geschrieben, verlangen Rückblenden das Perfekt.

Am einfachsten zu schreiben, aber auch zu lesen, ist die erste Vergangenheitsform, das Präteritum: er lief, er schlief, er sagte. Leider ziehen Rückblicke hierbei das etwas holprig klingende Plusquamperfekt nach sich: er hatte getan, er war gewesen.

Welche Zeitform man wählen soll, bleibt jedem selbst überlassen. Einfach mal in die Story hineinschreiben, dann merken Sie schnell, welche Ihnen am besten liegt und was zur Geschichte passt.

4.7 Der Spannungsbogen

Wie eine Brücke spannt sich der Spannungsbogen vom Anfang bis zum Ende der Geschichte. Auf dem Weg zur Erreichung des Hauptziels ist er eine Sequenz von Ereignissen, welche die Spannung ansteigen lassen, bei Erreichen des Zenits kulminieren, um sich am Ende aufzulösen.

Der Spannungsbogen beschreibt den Weg des Protagonisten zum Storyziel. Dabei verlässt der Protagonist zu Beginn einen bereits angespannten Zustand, und steigert die Spannung, indem er versucht, ein entspanntes Stadium zu erreichen.

Mit gespanntem Zustand ist der Abstand der Figur zur gewünschten Lebenssituation gemeint. Je weniger ihre Bedürfnisse gestillt sind, desto angespannter ist ihre Situation. Jede Hauptfigur sollte Ziele und Bedürfnisse haben, die zu Beginn nicht erfüllt werden können. Die Figur befindet sich in einem angespannten Zustand. Stellen Sie sich vor, Ihr Protagonist steht auf einer Plattform, hundert Meter über dem Erdboden. Hier oben lauern jede Menge Gefahren auf ihn, während ihm dort unten nichts passieren kann. Oben = Stress. Unten = Sicherheit. Aber wie kommt er nach unten?

Einfach hinunterspringen? Wohl kaum. Also bleibt er oben sitzen. Dies ist der Ausgangszustand der Geschichte. Er weiß oder ahnt, dass etwas nicht in Ordnung ist, arrangiert sich aber damit. Nun kommt eine Störung, ein Problem, das ihn zwingt, die Plattform zu verlassen.

Der einzige Weg nach unten führt über eine Leiter. Er kann natürlich auch auf der Plattform stehen bleiben. Doch dann passiert es: Die Plattform beginnt sich zu neigen, droht abzustürzen. Nun muss er auf die Leiter. Die Plattform rauscht in die Tiefe, und er kann nicht mehr zurück. Nach dem beschwerlichen Abstieg gelangt er schließlich an sein Ziel, in den sicheren Schoss von Mutter Erde.

Die Spannungskurve steigt bogenförmig kontinuierlich oder wellenförmig an – wobei die Anzahl der Wellen nur durch die Seitenzahl begrenzt wird.
Diesen Spannungsbogen aufzuzeigen, ist die Aufgabe des Exposés.

4.8 Zusammenfassung

Spannung im Roman kann auf verschiedene Weise erzeugt werden, am einfachsten durch Vorahnungen und ungelöste Fragen, denn Spannung entsteht, wenn wir auf etwas warten.
Zuviel offene Fragen können verwirrend wirken.
Cliffhanger, also Kapitelende, bei denen eine neue Frage aufgeworfen wird, tragen – wohldosiert – zur Spannungserhöhung bei.
Rückblicke sind nicht unbedingt erforderlich, die Informationen können auch in den Storyfluss geträufelt werden, was eventuell sogar zu einer Spannungserhöhung führt.
Personale Perspektiven erhöhen die Spannung, da der Leser den Protagonisten durch die Irrungen und Wirrungen begleitet.
Das Präsens wirkt intensiver, aber das Präteritum ist gebräuchlicher.

Aufgaben zum Themenkreis Spannung:

Nehmen Sie erneut Ihre Lieblingsbücher zur Hand und schreiben Sie auf:
- Welche Handlung beschreibt den Spannungsbogen?
- An welchen Stellen werden Parallel- und Unterplots eingesetzt?
- Welche Perspektiven wurden gewählt?
- Wie wird Spannung erzeugt?

5. Das Konzept

Jetzt geht's ans Eingemachte

Haben Sie alles zusammengestellt, liegt Ihrem Roman ein Konzept zugrunde? Kennen Sie Ihre Figuren und was sie bewegt, die Idee, die dahintersteckt, und um was es eigentlich geht? Was Sie jetzt noch brauchen, ist eine Zusammenfassung, wie sich der Spannungsbogen in Ihrem Roman entwickeln soll. Wer schon viel Routine besitzt, kann daraus ein verkaufsfähiges Exposé stricken. Wer aber zum ersten oder zweiten Mal auf die Schreibreise geht, sollte damit besser warten, bis er das Wort „Ende" unter sein Manuskript gesetzt hat, denn es gehört eine Portion Erfahrung dazu, einen Plot so auszuarbeiten, dass Sie ihn während des Schreibens nicht mehr anpassen müssen. Obwohl ich Ihnen rate, Ihre Figuren und Ihren Plot möglichst gut vor dem ersten Wort zu kennen, werden sich dennoch Änderungen oder Neues einschleichen wollen.

Dies wissen auch Verlage und Agenturen. Daher verlangen sie von Debutautoren zuerst mal ein komplettes Manuskript und kaufen keine Idee, die in Form eines Exposés präsentiert wird.

Erst wenn Sie bewiesen haben, dass Sie tatsächlich in der Lage sind, ein komplettes Manuskript vorzulegen, sind Agenturen und Verlage bereit, nur aufgrund eines Exposés ein Projekt zu kaufen. Meist gehen solche Einkäufe mit einem knappen Abgabetermin einher, der Ihnen ein Herumexperimentieren kaum noch erlaubt.

Daher: Als Anfänger erst das Manuskript fertig schreiben, dann das Exposé überarbeiten und zum Schluss anbieten.

Soll die Zusammenfassung aufgesetzt werden bevor man mit dem Schreiben des Manuskripts beginnt oder erst danach? Immer vorher. Selbst wenn sich noch Änderungen ergeben, gibt Ihnen die Zusammenfassung einen Rahmen vor oder zeigt Ihnen den Weg zu einer kohärenten Story auf.

5.1 Eine Menge Fragen und Listen

Gehen wir zurück zu dem Punkt, als wir die Hauptfragen zur Vorplanung des Plots formuliert haben:

1. Über was wollen Sie schreiben und wessen Geschichte soll es sein?
2. Welches Genre?
3. Wer will was und warum = Ziele, Motivation? Welches ist das Hauptziel?
4. Wer oder was steht diesen Zielen entgegen = Konflikte und Probleme?
5. Wer steht wo am Ende?

Im Prinzip ist das Obige alles, was Sie brauchen, und je routinierter Sie sind, desto leichter wird es Ihnen fallen, die fünf Fragen zu beantworten.

Um die Erstellung eines Plots zu erleichtern, kann die Fragenliste auch erweitert und umgestellt werden:

1. Welches Genre?
2. Über was wollen Sie schreiben?
3. Wessen Geschichte wollen Sie schreiben?
4. Welches ist das Hauptziel der Geschichte?
5. Wird dieses Hauptziel durch Aktionen ausgelöst? Zum Beispiel durch einen Angriff des Antagonisten, oder durch eine Entscheidung der Hauptfigur.
6. Welche Motive, Ziele und Wünsche haben Ihre Hauptfiguren?
7. Gibt es ein globales Ziel?
8. Wer oder was steht diesen Zielen entgegen? – Konflikte.
9. Gibt es einen inneren Widerspruch?
10. Was passiert, wenn das Hauptziel nicht erreicht wird?
11. Was muss die Hauptfigur tun, um diese Ziele zu erreichen, und gibt es Unterziele?
12. Was könnte dabei schiefgehen, sodass die Figur gezwungen ist, etwas Neues zu versuchen?
13. Welcher Art könnten die Rückschläge sein?
14. Wie könnte eine kleine Ermutigung aussehen?
15. Wer steht wo am Schluss?
16. Was haben die Figuren am Ende gelernt und inwiefern haben sie sich geändert?
17. Wodurch wird dies dem Leser mitgeteilt, und was tut die Figur jetzt anders als zu Beginn?
18. Welche Erkenntnis soll der Leser mitnehmen?

19. Welche Struktur ist am geeignetsten - Helden-Epos, Dreiakter, Vierakter, Fünfakter?
20. Neben welchen Titeln soll Ihr Roman einmal im Bücherregal stehen?

Mit den Antworten zu 10. 11. und 12. sollte sich der Plot herauskristallisieren. Vergessen Sie bei der Zusammenstellung der Hindernisse auf dem Weg des Helden nicht, dass der Autor ein Sadist sein muss, der die masochistische Neigung des Lesers befriedigen soll. Das heißt, wenn sich Ihr Held aufs Dach eines Hauses geflüchtet hat, lassen Sie ihn durch den maroden Dachstuhl brechen.

Der Leser fühlt mit der Romanfigur, weil er sich mit ihr identifiziert. Belohnungen sollen ihn ermutigen - es ist nicht hoffnungslos - aber nicht zufriedenstellen, da er sonst keinen Grund zum Weiterlesen sieht.

Aus den Inhalten und den festgelegten Figuren lässt sich nun der Plot entwickeln.

Aufgabe:
Beantworten Sie folgende Fragen:

1. Über was wollen Sie schreiben, und wessen Geschichte soll es sein?
2. Welches Genre?
3. Wer will was und warum = Ziele, Motivation? Welches ist das Hauptziel?
4. Wer oder was steht diesen Zielen entgegen = Konflikte und Probleme?
5. Was fürchten die Figuren am meisten?

6. Welche Konsequenzen zieht es nach sich, sollten sie ihre Ziele nicht erreichen?
7. Wer steht am Ende wo?

5.2 Die Figurenliste

Die Figurenliste ist Bestandteil des Exposés und es wird geraten, sie in Grenzen zu halten. Lektoren leiten von ihrem Umfang gerne die Komplexität der Handlung ab, weshalb sie nur auf relevante Figuren beschränkt sein sollte. Auch fürs Plotten empfiehlt es sich, deren Anzahl anfangs niedrig zu halten.

Hauptfiguren sind stets mit ihren Zielen, Motivationen und inneren Problemen zu beschreiben, und zwar in ihrem Ausgangszustand. Was mit ihnen im Plot passiert, ist an dieser Stelle uninteressant:

Georg Müller, 42, blond, kurzsichtig mit Brille, Perfektionist. Möchte einen Mercedes SLK kaufen, den er sich nicht leisten kann. Als Facharbeiter leidet er unter Minderwertigkeitskomplexen.

Lisa Schulz, 34, dunkelhaarig, dünn, Buchhalterin, alleinerziehend, zwei Kinder, träumt von Reisen und Abenteuern.

Nebenfiguren werden nur mit ihrer Funktion aufgezählt:

Heribert Mangel, Vermieter von Lieschen Schulz' Wohnung.

Marta Müller, Mutter von Georg.

Aufgabe:

Überprüfen Sie, ob Ihre Figuren mit genügend Konfliktpotenzial ausgestattet sind, indem Sie sie gegenüberstellen.

5.3 Der Plot in einem Satz

In der Kürze liegt die Würze

Ganz einfach. Ziel, Motivation und Konflikt der Leitfigur werden in einem Satz zusammengefasst. Natürlich kann die Figur mehrere Ziele und Konflikte haben, aber es kann nur einen Leitgedanken – eine Haupthandlung – geben. Ihn niederzuschreiben lohnt sich.

Der Plot-in-einem-Satz basiert auf folgender Formel:

Hauptfigur möchte _____ (Ziel), weil _____ (Motivation), aber _____ (Konflikt) kommt dazwischen.

Dieser Satz kann für die inneren und äußeren Ziele, sowie für die Motivationen und Konflikte jeder Hauptfigur formuliert werden. Da der Plot-in-einem-Satz quasi die Ausgangssituation beschreibt, ist er zugleich eine gute Einleitung für die Zusammenfassung und den Pitch.

> 1) Lisa möchte Single bleiben, weil sie bitter enttäuscht wurde, aber sie verliebt sich in Georg.

Jeder Handlungsstrang kann seinen eigenen Plot-in-einem-Satz bekommen.

1) Lisa möchte Single bleiben, weil sie bitter enttäuscht wurde, aber da verliebt sie sich in Georg.

Und:

2) Lisa will einen Blumenladen eröffnen, weil sie Blumen liebt, aber sie ist pleite.

Aufgabe:

1. Schreiben Sie den Plot-in-einem-Satz für drei Lieblingsfiguren ihrer Vorzugsbücher auf.
2. Schreiben Sie jetzt den Plot-in-einem-Satz für jede ihrer Hauptfiguren auf.

5.4 Der Pitch

Der Pitch, Sales Pitch oder auch die Log Line, fasst den Inhalt einer Geschichte in einem, zwei oder vier Sätzen zusammen. Stellen Sie sich vor, Sie fahren mit der Programmleiterin Ihres Traumverlages im Aufzug und haben genau 46 Sekunden Zeit, ihr zu erklären, wovon Ihr Roman handelt. Was sagen Sie?

Der einfachste Weg zu einem Pitch ist, sich auf das Wesentliche zu konzentrieren. Meistens lässt sich das durch Kombination von Ziel, Motivation und Konflikt zusammenbasteln. Der Plot-in-einem Satz-ist die halbe Miete, denn er führt das Ziel und die Motivation des Protagonisten ein. Der zweite Satz zeigt in der Regel den Konflikt auf und deutet die Lösung an.

Ein Beispiel aus dem Film „Avatar":
Ein gelähmter Ex-Marine-Soldat soll bei der Ausbeutung eines Planeten mithelfen, wofür ihm die Wiederherstellung seiner Gehfähigkeit versprochen wird. Als er sich in eine Eingeborene verliebt, wechselt er die Seiten, und führt die Ureinwohner in eine scheinbar aussichtslose Schlacht.

Der erste Teil zeigt die Ausgangssituation, also Ziel und Motivation, der zweite Teil den Konflikt.

Aus dem Pitch lässt sich leicht der Klappentext entwickeln, der zumeist etwas länger ist, die Lösung des Konflikts aber offen lässt.

Aufgabe:

1. Schreiben Sie die Pitchs Ihrer Lieblingsspielfilme und -Bücher auf. Welche klingen am interessantesten?
2. Schreiben Sie jetzt Ihren eigenen nieder. Variieren Sie sie ein bisschen, bis Sie glauben, den größtmöglichen Konflikt gefunden zu haben.

5.5 Die Struktur

Haben Sie sich für eine Struktur entschieden? Im Nachfolgenden sind noch einmal die wichtigsten Plotpunkte für einen Dreiakter zusammengefasst:

Zur Erinnerung hier noch einmal die Plotpunkte und Tipps, am Beispiel des Dreiakters.

Selbstverständlich können Sie den einen oder anderen Plotpunkt weglassen oder modifizieren.

AKT 1

1. Hook
Der Hook ist ein besonders interessanter Satz oder Absatz am Anfang des ersten Kapitels. Dieser Satz sollte einen Konflikt oder Widerspruch beinhalten, kann aber auch auf etwas Ungewöhnliches aufmerksam machen.

2. Exposition / Einleitung
Vorstellung der Hauptfiguren, in ihrer Alltagssituation. Hier treten bereits ihre Konflikte zutage. Sie leben in einer angespannten Situation, tun aber noch nichts dagegen.

3. Die erste Störung (Inciting Incident)
Der Hauptkonflikt tritt auf und stört die Normalsituation, aber noch ist der Protagonist nicht bereit, etwas zu ändern.
Zeigen Sie den mit Problemen und Hindernissen gewürzten Alltag. Spitzen Sie die Situation so zu, dass der Protagonist keine andere Wahl hat, als die Herausforderung, etwas zu ändern, anzunehmen.

4. Wendepunkt
Protagonist nimmt die Herausforderung an. Es gibt keine Alternativen und keine Möglichkeit der Umkehr.

AKT 2

5. Die Mitte

Alle Versuche, die Konflikte zu lösen und das Ziel zu erreichen, scheitern, die Kernfragen bleiben unbeantwortet.
Die Figur hat Handlungsalternativen, aber die Situation verschlimmert sich mit jedem Fehlversuch. Lassen Sie den Protagonisten zwei oder drei Fehlversuchen unternehmen.

6. Wendepunkt

Wieder stellt sich die Figur der letzten Herausforderung, nur dieses Mal mit anderen Mitteln. Es gibt keine Alternativen und keine Möglichkeit der Umkehr, der Protagonist setzt alles auf eine Karte.

AKT 3

Höhepunkt

Die Katastrophe ist da, der Held tut den letzten, verzweifelten Schritt. Es gibt für ihn keine Rückkehr, er muss da durch.
Das Ende beeinflusst den Anfang. Schreiben Sie die Geschichte, und haben Sie das Ende bereits im Hinterkopf.

Auflösung

Die Konflikte wurden gelöst, entweder mit positivem oder negativem Ausgang.
Haben sich die Charaktermerkmale der Figur geändert, sollte das gezeigt werden.
Diese Plotstruktur funktioniert sehr gut mit Thrillern und Abenteuer Romanen. Auch Lie-

besgeschichten lassen sich damit planen, aber wie gesagt, diese Struktur ist kein „Muss" sondern ein „Kann".

Auch Vier- und Fünfakter lassen sich leicht davon ableiten, es ändert sich lediglich der Umfang des Wendepunkts oder das Volumen der Mitte. Empfehlungen dafür gibt es keine, außer, dass die Exposition etwa 20 % der Gesamtseitenzahl einnehmen sollte. Schlimm, wenn sie bei 30 % liegt? Nein, aber Sie laufen Gefahr, langweilig zu werden. Und bei 10 %? Hier kann es passieren, dass die Figuren zu atemlos und manche ihrer Handlungen nicht plausibel genug erscheinen. Ausnahme: der Thriller.

5.6 Der Plot

Jetzt wird der Plot gestrickt

Nun wird es ernst. Das Zusammenstellen des Plots kann beginnen. Sie kennen ihre Figuren, ihre Ziele, Motivationen und Konflikte. Sie haben eine Struktur festgelegt, sich für die passenden Schauplätze entschieden und wollen nun die einzelnen Fäden zu einem Plot verspinnen.

Wenden Sie sich zuerst dem Hauptplot zu. Sollten Sie zwei gleichwertige Handlungsstränge haben, konzentrieren Sie sich zunächst auf einen.

Es muss sich eine kontinuierliche und logische Entwicklung der äußeren und/oder inneren Ziele/Bedürfnisse ergeben. Im Falle eines Happy Ends wird der Held alle seine äußeren Ziele erreichen und seine inneren Bedürfnisse befriedigt haben. Das Ende muss zum Anfang passen! Darüber hinaus gibt es natürlich auch andere Enden, wie in Kapitel 5.5 beschrieben. Hat der Held im ersten Akt einen inneren Konflikt, weil er seinen Eltern zuliebe Jura studiert, im Stillen aber viel lieber Kunstmaler werden würde, dann sollte im Falle eines Happy Ends dieser Wunsch in Erfüllung gehen.

Schreiben Sie hierzu eine Figuren-Liste mit ihren Zielen und Konflikten im Anfangszustand und daneben im Endzustand. Sollten Sie eine Serie oder einen Mehrteiler planen, können Sie ruhig einige Fragen offenlassen.

Fertig?

Jetzt sind Sie dran. Schreiben Sie sich ihre Plotpunkte für den Hauptplot und danach die für eventuelle Nebenplots auf.

Sollte diese Struktur für Sie nicht funktionieren, versuchen Sie zumindest eine Grobstruktur aufzubauen. Eine ähnliche Tabelle lässt sich übrigens auch für die Heldenreise zusammenstellen. Selbst wenn Sie frei experimentieren wollen, empfehle ich Ihnen, die Tabelle trotzdem zu bearbeiten – zum Zwecke der Übung.

Aufgabe:

1. Schreiben Sie Ihre Plotpunkte für die Protagonisten und Antagonisten aus. Wie ist ihr Zustand bei den Wendepunkten, wie am Ende gegenüber dem Anfang?

2. Machen Sie die Kontrolle: Was fürchtet Ihr Protagonist am meisten zu verlieren? Die Kulmination dieser Bedrohung stellt zugleich den Höhepunkt dar. Ist dies nicht der Fall, fehlt Ihnen eventuell der größtmögliche Konflikt, das größtmögliche Potenzial zum Drama.

5.7 Kapitel und Szenen

Viele Wege führen nach Rom

Gehen wir davon aus, Sie haben Ihren Plot, Ihre Wendepunkte, den Höhepunkt und die Auflösung festgelegt. Wie kommen Sie nun zu Ihrem Manuskript?

Indem Sie – ausgehend vom Plot – die entsprechenden Kapitel und Szenen bilden. Hierbei gibt es verschiedene Vorgehensweisen, deren Wirksamkeit jeder Autor für sich selbst herausfinden muss.

Für den echten Planer ist die Kapitelübersicht ein „Muss", während der Drauflosschreiber sich angewöhnen sollte, sie nach einem vollendeten Kapitel fortlaufend zu führen, damit er den Überblick behält und auf die jeweiligen Plotpunkte zurückgreifen kann.

Manche schreiben die Szenen zuerst durcheinander, in einer Art „Brainstorming", auf und sortieren sie dann in einer rückbezüglichen Reihenfolge um. Dabei wird festgelegt, was die jeweilige Szene bewirken soll. Kleinere Änderungen können sich während des Schreibens ergeben, was aber kein Problem darstellt, solange man den Überblick behält.

Die Szenenübersicht kann ebenfalls als Liste erstellt werden: Wer tut was, wann, wo und warum? Wer hat die Perspektive der Szene inne? Was ist der Szenenkonflikt, und was soll das Ergebnis der Szene sein? Neben- und Parallelplots sollten ebenfalls gekennzeichnet werden. Sie können sie entweder in alternierenden Szenen oder je nach Bedarf aneinanderreihen. Die Auflistung kann stichpunktartig oder ausgeschrieben erfolgen, inklusive der Ideen zu Highlights und Dialogen. Nicht vergessen: Innere und äußere Konflikte in die Szenen einbauen, denn ohne sie wird die Prosa schnell langweilig. Die Dialoge sollen knistern, die Figur am Ende nicht bekommen, was sie eingangs der Szene wollte. Für den zeitlichen Ablauf kann ein Kalender für das Ausplanen der Szenen hilfreich sein. Das detaillierte Aufschreiben der Tat ist bei einem Krimi unerlässlich. Haben Sie Ihre Szenenliste fertig, überprüfen Sie sie auf Austauschbarkeit. Lassen sich Szenen eines Handlungsstranges beliebig austauschen, sind sie für den Plot unrelevant, denn der stellt bekanntlich die logische Verknüpfung der Handlungen dar. Sie können zum Beispiel den Zug nicht entgleisen lassen, bevor der Held zugestiegen ist.

5.8 Die Zusammenfassung

Zusammenfassung und Kapitelübersicht können gleichzeitig oder separat entwickelt werden, oder nur das eine oder das andere. Ich arbeite lieber mit einer Zusammenfassung, die ich zuerst verfasse, und einer sehr knapp gehaltenen Kapitelübersicht, um spontane Ideen noch besser unterbringen zu können. Während des Schreibens werden Kapitelübersicht und Zusammenfassung immer wieder angepasst, damit der Überblick erhalten wird.

Die Zusammenfassung soll den Spannungsbogen des oder der Protagonisten herausstellen. Am einfachsten kann man sie aus der Sicht nur einer Hauptfigur entwickeln, selbst wenn man mehrere Hauptfiguren hat. Lässt man alle Nebenhandlungen und Erklärungen weg, sollte sie folgende Struktur aufweisen:

Hauptfigur will …, aber … Daher macht sie …, aber … Nun muss Hauptfigur …, um … zu erreichen … Leider kommt … dazwischen und Hauptfigur entscheidet sich, … zu tun. Als … passiert, ist die Katastrophe komplett. Verzweifelt unternimmt Hauptfigur … und besiegt … Endlich kann Hauptfigur … tun und hat ihr Ziel erreicht.

Damit wird der kausale Zusammenhang zwischen den einzelnen Aktionen der Hauptfigur hergestellt. Normalerweise stellt der Plot-in-einem-Satz den Anfang dieser Kausalkette dar.

Es ist wichtig, diese Handlungskette zuerst für die Hauptperson auszuarbeiten, da man sich sonst zu leicht in Nebenhandlungen verliert. Wenn wir ein bisschen umsortieren, könnte der Ansatz einer Zusammenfassung der Geschichte folgendermaßen aussehen:

Etwas passiert, die Figur reagiert darauf, indem sie etwas tut. Daraufhin passiert wieder etwas, und die Figur reagiert erneut mit einer neuen Aktion, solange, bis das Ende erreicht ist.

Sind nun zwei Figuren – zum Beispiel Protagonist und Antagonist – zu Gange, kann man diese Kausalkette für beide aufschreiben und dann miteinander verzahnen. So könnte diese Kette wie folgt aufgebaut sein:
Antagonist agiert, Protagonist reagiert und auf seine Aktion hin reagiert der Antagonist wiederum mit einer Aktion. Das setzt sich solange mit immer neuen Aktionen und Reaktionen fort, bis der Antagonist besiegt ist.

Aufgegliedert in die Struktur und Wendepunkte könnte die Zusammenfassung z. B. für einen Vierakter wie folgt ablaufen:

Figur will …, weil …, aber … - Einleitung, Anlass (Plot-in-einem-Satz).
Daher entschließt sie sich, … zu unternehmen - 1. Wendepunkt.
Aber … geschieht, und Figur versucht … - 1. Hinweis.
Auch das schlägt fehl, deshalb …
Einen Moment lang sieht alles okay aus, aber … – Mitte.
Nun muss Figur …, um … zu erreichen … Leider kommt … dazwischen und Figur entscheidet sich … zu tun - 2. Hinweis.
Ein erneuter Fehlschlag. Verzweifelt entscheidet sich die Figur …

Als ... passiert, ist die Katastrophe komplett -
2. Wendepunkt.
Obwohl alles verloren zu sein scheint, gelingt
es der Figur ... - Höhepunkt.
Endlich kann Figur ... tun und hat ihr Ziel erreicht - Auflösung.

Haben Sie zwei Protagonisten, können Sie für
beide diese Aufgliederung erstellen, die Zeilen
der einzelnen Plotpunkte untereinanderstellen
und so Verbindungen knüpfen. Besonders ge-
lungen wirken sie, wenn die Aktion des Einen
die Reaktion des Anderen beeinflussen, wie bei
der oben gezeigten Protagonist/Antagonist
Verknüpfung.
Hier zur Vertiefung eine Zusammenfassung,
die auf den Dreiakter aufbaut, mit dessen Plot-
punkten korrespondiert:

Einleitung
Figur lebt ..., will ..., weil ..., aber ...
Da geschieht ...

1. Wendepunkt
Daher entschließt sie sich, ...

Mitte
Daraufhin geschieht ... und Figur reagiert mit
...
Auch das schlägt fehl und daher ...
Einen Moment lang sieht alles okay aus, aber
...
Nun muss Figur ... tun, um ... zu erreichen.
Doch erneut gibt es einen Fehlschlag, weil ...

2. Wendepunkt
Verzweifelt entscheidet sich Figur, ... zu tun
Jedoch ... geschieht. Alles ist verloren.

Höhepunkt:
Obwohl alles verloren zu sein scheint, gelingt es der Figur nun ... zu tun

Auflösung:
Endlich kann Figur ... tun und hat ihr Ziel erreicht.

Dieses sparsame Gerüst bildet die Grundlage für eine Zusammenfassung, die als „Synopse" bezeichnet werden kann, da sie sich auf das Wesentliche – den Handlungsstrang – konzentriert, anstatt alles gleichwertig aufzuzählen.
Als Bestandteil eines Exposés kann eine Synopse, nachdem sie ein wenig auffrisiert wurde, Agenturen und Verlagen angeboten werden. Wenn Sie wollen, können Sie die Zusammenfassung beliebig erweitern, und gelangen so zu einer Kurzform Ihres Romans.

Aufgabe:

1. Schreiben Sie die Zusammenfassung Ihrer Geschichte aus der Sicht eines Protagonisten, unter Berücksichtigung seiner Motivationen, auf.
2. Prüfen Sie die Plausibilität. Sind die Handlungen folgerichtig?

3. Macht Ihre Figur eine Entwicklung durch? Stellen Sie den Lernerfolg am Ende klar heraus.
4. Fügen Sie gegebenenfalls die Sicht einer zweiten Figur hinzu. Tun Sie das in jedem Fall, wenn die zweite (oder dritte) Figur (fast) gleichwertig zum Protagonisten ist.
5. Vergleichen Sie das Ergebnis mit Ihrer ursprünglichen Idee. Hat sich etwas geändert?
6. Kristallisiert sich ein Thema heraus?

5.9 Was brauchen Sie noch?

Zeit und Durchhaltevermögen. Nicht jeder kann dreihundert Normseiten in drei Monaten produzieren. Testleser, die Sie in Literaturforen oder Schreibzirkeln finden, sind wichtig, da vier Augen bekanntlich mehr sehen als zwei. Was Ihnen klar und logisch erscheint, muss Ihrem Leser noch lange nicht einleuchten. Vor allem die Synopse oder Zusammenfassung sollten Sie gegenlesen lassen.

5.10 Die Schneeflockenmethode

Wie eine Schneeflocke …

Die „Schneeflockenmethode" von Randy Ingermanson soll nicht unerwähnt bleiben. Sie ist auf seiner Webseite zu finden, der Link hierzu im Quellennachweis.

Die Stärke der Ingermanson-Methode liegt in der Entwicklung eines roten Fadens. Die Handlungen entstehen folgerichtig aus den Anfangszielen sowie der Ausgangsmotivation einer Figur.

Ingermanson geht dabei vom Plot-in-einem-Satz aus und entwickelt daraus einen für die Hauptfigur. Nebenstränge oder kompliziert verwobene Plots, die von mehreren Figuren getragen werden, können somit weniger gut entwickelt werden. Trotzdem lohnt es sich, diese Vorgehensweise einmal zu durchdenken. Es folgt nunmehr eine großzügige Zusammenfassung, die das Nachlesen im Original weder ersetzen kann noch will.

Der Startpunkt ist der Plot in einem Satz, dem Ingermanson eine Beschränkung von fünfzehn Wörtern auferlegt. So genau ist das allerdings nicht zu nehmen, es dürfen durchaus auch siebzehn oder achtzehn sein, nur eben keine dreißig.

Der nächste Schritt ist nun, diesen einen Satz auf fünf Sätze zu erweitern. Der erste beschreibt den Ausgangspunkt, der letzte logischerweise das Ende. Der zweite kann den Konflikt einführen. Sätze drei und vier beschreiben Aktionen des Protagonisten.

Erst im dritten Schritt definiert Ingermanson die Figuren genauer: Ziele, Motivation, Konflikt. Sollten sich hierbei Änderungen im ersten oder zweiten Schritt ergeben, ist das kein Problem – einfach anpassen.

Der vierte Schritt ist im Prinzip eine Erweiterung des zweiten. Schreiben Sie zu jedem der fünf Ausgangssätze eine Ergänzung, in Form eines Negativereignisses für die Figur. Dadurch werden deren Pläne und Aktionen gestört und der Spannungsbogen deutlich verstärkt.

Im fünften Schritt entwickelt Ingermanson dann Charakterbeschreibungen und Hintergrundinformationen, die in Ihrem Roman ruhig mehrere Seiten lang sein dürfen. Damit stellt er sicher, dass sich die Helden und Antihelden plausibel verhalten und nicht plötzlich ein Eigenleben entwickeln, und so den Plot zerstören.

Im sechsten Schritt erweitern Sie die Zusammenfassung des vierten auf vier Seiten. Jetzt erscheinen weitere Handlungsstränge und Nebenfiguren: Der Spannungsbogen wird ausgebaut. Dabei werden Sie eventuell Diskrepanzen feststellen, die einer Änderung oder Anpassung der vorangegangenen Schritte bedürfen, was aber kein Problem sein sollte.

Schritt sieben geht zu den Figuren zurück. Ergänzen Sie Fehlendes, z. B. bei deren Aussehen, sofern Sie das nicht schon getan haben. Wie verändert sich die Figur durch das Geschehen in der Geschichte? Was tut sie, wenn sie ihre Ziele erreicht hat?

Im achten Schritt zerlegt Ingermanson die vierseitige Zusammenfassung in Einzelschritte, was am besten in einer Tabelle dargestellt werden kann. In der einen Spalte gliedern Sie die einzelnen Szenen auf, in der anderen werden die Akteure der jeweiligen Szene zugeordnet.

Der neunte Schritt ist optional. Dabei geht er von der Szenengliederung des achten Schrittes aus und schreibt eine Szenenbeschreibung, in der schon die ersten Ideen für Dialoge skizziert werden. Am Ende dieses Schrittes stehen fünfzig oder mehr Seiten, die beinahe schon dem Entwurf eines Romans entsprechen.

Schritt zehn ist das eigentliche Schreiben des Romans - der erste Entwurf. Randy empfiehlt in der Mitte innezuhalten und eventuelle Abweichungen von den Schritten eins bis neun festzuhalten. Da alle grundlegenden Schritte vorhergeplant wurden, sollte es zu keiner Schreibhemmung kommen. Der sogenannte „Writer's Block" entsteht meist, wenn Plotlücken oder Logikfehler im Plotaufbau vorhanden sind.

Das Durchdenken der einzelnen Schritte der Schneeflockenmethode ist in jedem Fall empfehlenswert, allein schon deshalb, weil sie den stufenweisen Aufbau dieses Büchleins noch einmal in Erinnerung ruft. Wenn Sie dann genügend Ratgeber gelesen haben, werden Sie feststellen, dass die anderen Schriftsteller auch nur mit Wasser kochen.

6. Das Exposé

In seiner Minimalform besteht das Exposé aus Pitch und Zusammenfassung. Die erweiterte Version sieht folgendermaßen aus:
1. Pitch oder Klappentext
2. Genre/Umfang
3. Figurenliste
4. Zusammenfassung
5. Weltenbeschreibung/historischer Hintergrund
6. Kurzvita des Autors
7. Leseprobe

Hier ein paar Tipps zu den einzelnen Punkten:

1. Nicht nur der Pitch, sondern auch der Klappentext sollte in wenigen Sätzen das Wesentliche zusammenfassen. Hier bleibt das Ende offen. Geschrieben wird in der dritten Person Er/Sie-Erzähler, Gegenwartsform = Präsens.
2. Genre/Umfang: Genre oder auch Cross-Genres, Umfang als Anzahl der Wörter und der Zeichen, inklusive Leerzeichen.
3. In der Figurenliste sollten nur Figuren gelistet werden, die in der Zusammenfassung eine Rolle spielen. Alle zusätzlichen erhöhen nur die Komplexität und sind daher nur aufzuführen, wenn es ausdrücklich verlangt wird.
4. Die Zusammenfassung sollte nicht mehr als zwei bis drei Seiten aufweisen, wobei es bei Agenturen und Verlagen unterschiedliche Anforderungen geben kann. Sie wird, wie der

Pitch, in der dritten Person Er/Sie-Erzähler, Gegenwartsform = Präsens geschrieben. Der Tonfall sollte möglichst neutral gehalten sein, obwohl bei bestimmten Genres, wie zum Beispiel „Chick Lit", ein frischerer Ton von Vorteil sein kann. 5. Eine Weltenbeschreibung oder der historische Hintergrund kann bei SciFi, Fantasy und historischen Romanen hilfreich sein. Vor allem in sehr komplexen Setups kann sie helfen, die Zusammenfassung zu verkürzen. 6. In der Kurzvita, oder Autorenvita, werden eigentlich nur Ihre persönlichen Daten und gegebenenfalls relevanten Veröffentlichungen erwartet. Relevant bedeutet, ob Sie schon Bücher der Belletristik verkauft haben, möglichst mit ISBN, damit nachgeprüft werden kann, wie groß Ihre Fangemeinde ist. Haben Sie nichts dergleichen vorzuweisen, reichen die Eckdaten und eventuell, woher das Hintergrundwissen für den Roman stammt. Die Vita wird immer in der dritten Person geschrieben. 7. Bei der Leseprobe werden fast immer die ersten dreißig Normseiten erwartet – kein Problem, wenn es ein paar mehr oder weniger sind.

Manche Agenturen oder Verlage schreiben für das Exposé und die Leseprobe eine bestimmte Seitenzahl vor. Diese Vorgabe sollte unbedingt eingehalten werden. Um das Exposé verständlich und attraktiv zu gestalten, kann man einzelne Bestandteile weglassen, indem man es auf Pitch und Zusammenfassung beschränkt und die Daten über Genre, Umfang und Kurzvita in das Anschreiben einfließen lässt. Im Zweifelsfall einfach per Telefon oder E-Mail anfragen.

7. Fertig, und jetzt?

Nun haben wir alles, was wir für das Schreiben eines Romans brauchen: eine Idee, Figuren, die wissen, was sie wollen, und einen Plan, wie sich der Spannungsbogen entwickeln soll. Nehmen Sie sich für die Entwicklung Ihres Konzeptes Zeit, denn das kann mehrere Wochen oder gar Monate dauern. Danach wird geschrieben, was das Zeug hält. Und dann kommt die erste Überarbeitung.

Zuerst erfolgt eine Strukturüberarbeitung, Kapitel werden verlängert und verkürzt, aufgepolstert oder entschlackt, Redundanzen beseitigt und zusätzliche Charaktereigenschaften, die während des Schreibens aufgetreten sind, angepasst, sowie Logikfehler ausgemerzt.

Die zweite Überarbeitung ist dem Stil, ebenso der Sprache, der Rechtschreibung und der Grammatik gewidmet – und zwar Wort für Wort.

Zwischen erster und zweiter Überarbeitung ist der ideale Moment, sich unabhängigen und neutralen Testlesern zu stellen. Natürlich eignet sich hierfür auch der dritte Entwurf, also nach der Stilprüfung. Testleser findet man in Schriftsteller- und Literaturforen.

Bewährt haben sich folgende Fragen an die Testleser:

Würden Sie nach dem 1. Kapitel weiterlesen wollen?

Hat die Logik einen Sprung?

Wo bricht die Spannung ab?

Ab wann wurde Ihnen langweilig?

Sind die Helden sympathisch?
Sind sie glaubhaft?
Was könnte ich besser machen?

Bevor Sie Ihr Exposé wegschicken, ist es ratsam, die Zusammenfassung gegenlesen zu lassen, um festzustellen, ob noch Fragen offenstehen. Das Sprichwort „Den Wald vor lauter Bäumen nicht mehr sehen", ist in der Schriftstellerei nirgends zutreffender als bei der Zusammenfassung. Manche Dinge lassen sich schlecht beschreiben; hier sind Ihre persönlichen Erfahrungen gefragt. Wer Kritik für sein Geschriebenes sucht, kann eines der vielen Schriftstellerforen zurate ziehen. Allerdings ist Kritikfähigkeit für ein erfolgreiches Schreiben unerlässlich. Auch gibt es jede Menge Kurse, die Ihnen weiterhelfen und natürlich hervorragende Ratgeber.

8. Bereit für den nächsten Schritt!

So, das war's. Zugegebenermaßen es ist mitunter schwer, aus einer Idee ein gutes Buch zu stricken – und noch schwieriger, es an den Mann oder die Frau zu bringen. Wenn es darum geht, aus Ihrem Manuskript ein Buch werden zu lassen, kann ich nur gründliche Recherche empfehlen. Als Maxime gilt: Das Geld fließt immer zum Autor. Für den Druck eines Buches sollte er nie bezahlen, außer es gibt dafür einen triftigen Grund. Nischenprodukte, oder die Chronik des Schrebergartenvereins sowie Opas Lebensgeschichte für die Familie gehören zu diesen Ausnahmen. Aber selbst hier ist Vorsicht geboten, denn Nepper, Schlepper und Bauernfänger lauern überall. Die kostenlosen Ratschläge in einem Literaturforum können Ihnen unter Umständen helfen, mehrere Tausend Euros zu sparen.

Für alle anderen steht der Weg zu den Agenturen und Verlagen offen, wobei der direkte Weg zu den Großverlagen immer enger wird. Agenturen sieben aus einem Überangebot an Manuskripten für Verlage aus. Wer indes bei einem Kleinverlag schon Veröffentlichungen vorweisen kann, ist eindeutig im Vorteil.

Verlage leisten für den Autor neben dem Drucken des Buches folgendes:

- Lektorat:
  - Redaktion: Struktur, Stil, Spannungs-bogen
  - Korrektorat: Rechtschreibung und Grammatik
- Covergestaltung, Klappentext und „Waschzettel"
- Marketing/Werbung
- Vertrieb und Lagerhaltung

Wer selbst veröffentlichen will – zum Beispiel als E-Book – sollte sich darüber im Klaren sein, dass er dann diese Funktionen selbst über-nehmen muss. Ihm stehen Dienstleister zur Verfügung, die ausschließlich das tun, wofür der Autor sie bezahlt. Sie sind im Prinzip nichts anderes als Druckanstalten, obwohl man bei manchen Zusatzleistungen kaufen kann. Aller-dings liegt das Interesse eines Dienstleisters nicht im Verkauf vieler Ausgaben einzelner Ti-tel, sondern im Herstellen vieler Bücher – ganz im Gegensatz zu den Verlagen, die mit hohen Auflagen einiger weniger Titel arbeiten. Traditionelle Verlage gehen in Vorleistung und beteiligen den Autor am Gewinn. E-Book Verlag oder Selbstveröffentlichung ist eine Alternative. Aber auch hier gilt, dass das Problem die Sichtbarkeit des Titels ist. Wenn keiner weiß, dass das Buch existiert, kann es auch keiner kaufen. Sollten Sie eine Selbstver-öffentlichung anstreben, ist es ratsam, Lektorat und Covergestaltung in berufene Hände geben, es sei denn, Sie sind Grafikdesigner und schreiben auf professionellem Niveau.

Wie Ihr Weg auch immer aussehen mag, ich wünsche Ihnen viel Erfolg!

9. Nachwort

Zu guter Letzt ...

Einen Ratgeber für das richtige Plotten zu schreiben ist wahrhaft nicht einfach, denn man muss viele Aspekte berücksichtigen, zumal es keine Regeln gibt, sondern nur Erfahrungswerte. Auch garantiert ein logischer Plot noch lange keinen kommerziellen Erfolg, genauso wie ein Plot, der abseits aller Konventionen geschrieben wurde, nicht zwangsläufig in einem Fehlschlag enden muss. Genau das ist das Schöne an der Schriftstellerei – die Freiräume und die Vielfalt.

Viele Schriftsteller geben selbst Ratschläge, entwickeln neue Methoden und wiederholen alte, die sie dann in Büchern, Workshops oder Blogs präsentieren. Manch einer schreibt vom anderen ab und iteriert alte Ideen dann aus seinem eigenen Blickwinkel. Oft lässt sich deshalb der eigentliche Urheber nicht mehr feststellen. Dieses Problem tritt meist bei einer besonders interessanten Darstellung im Internet auf. Sollte ich daher eine wichtige Ressource übersehen oder vergessen habe, mögen Sie mir dies nachsehen oder mich darauf aufmerksam machen. Ich werde mich dann gern berichtigen.

Sollten sich Fehler eingeschlichen haben, sind sie meiner Schusseligkeit zuzuschreiben, und wenn jemand anderer Meinung ist, bin ich gerne bereit, dazuzulernen.

Auf meiner persönlichen Reise vom Schreiberling zum Schriftsteller bin ich vielen Gleichgesinnten begegnet, wobei ich den gedanklichen Austausch mit ihnen stets als befruchtend und hilfreich empfand. Viel praktisches Wissen entspringt der Arbeit in Online-Foren. Da die meisten Sparringspartner sich hinter einem Avatar verbergen, kenne ich sie nur selten bei ihrem richtigen Namen, und nicht wenige habe ich gänzlich aus den Augen verloren. Trotzdem will ich ihnen danken.

Namentlich erwähnen möchte ich Elke, Sabine, Karin und Ute aus dem DSFo fürs Testlesen dieses Ratgebers, sowie dem SIEBENVERLAG für die Veröffentlichung.

Vor allem danke ich meinem Mann Michael, der mir mit Rat und Tat zur Seite steht, so manches unreine Deutsch ausbügelt, Unklarheiten aufzeigt, Ideen beisteuert und obendrein meinen gelegentlichen Frust tapfer erträgt, aber auch die Freude über Gelungenes mit mir teilt.

10. Quellennachweise und guter Lesestoff für Neugierige und Lernwillige

Alphabetisch, nach Nachnamen geordnet. Leider lassen sich oft die Originalquellen und deren Urheber nicht mehr feststellen. Auch verschwinden manche Hyperlinks nach einiger Zeit aus dem Internet. Trotzdem sollen auch sie hier erwähnt sein.

James Scott Bell: Plot & Structure, Writer's Digest Books; 5th edition October 6, 2004.
James Scott Bell: Conflict & Suspense, Writer's Digest Books; 1st edition, January 12, 2012.
Christopher Booker, The Seven Basic Plots, Bloomsbury Academic; 1 edition (January 9, 2006)
Joseph Campbell: Der Heros in tausend Gestalten, Insel-Taschenbuch 2556. Insel-Verlag, Frankfurt am Main u. a. 1999.
Syd Field: The Foundations of Screen Writing, Delta; Revised edition (November 29, 2005)
James N Frey: How to Write a Damn Good Novel, II: Advanced Techniques for Dramatic Storytelling, St. Martin's Press; 1st edition March 15, 1994.
Randy Ingermanson, Schneeflockenmethode: http://www.advancedfictionwriting.com/art/snowflake.php

Donald Maass: Writing the Breakout Novel, Writer's Digest Books; 1 edition August 15, 2002.

Hans Peter Roentgen: Drei Seiten für ein Exposé, Sieben Verlag

Laurie Schnebly Campbell: Plotting via Motivation Workshop, http://www.booklaurie.com/

Glen Strathy: How to write a book, http://www.how-to-write-a-book-now.com/

Dwight V. Swain, Techniques of the Selling Writer, Univ. of Oklahoma Pr (Trd) (May 1, 1982)

Robert B. Tobias, 20 Master Plots: And How to Build Them, Writer's Digest Books; 3 edition (January 12, 2012)

Sandra Uschtrin, Handbuch für Autorinnen und Autoren, Uschtrin Verlag.

Christopher Vogler: Die Odyssee des Drehbuchschreibers. 2. Aktualisierte und erweiterte Auflage, 2001, Frankfurt.

Ohne Urhebernachweis:

Robert B. Tobias' 20 Plots: http://changingminds.org/disciplines/storytelling/plots/tobias_plots.htm

11. Glossar

Antagonist – Der Gegenspieler des Protagonisten.

Auktorialer Erzähler – „Urheber", ein externer Erzähler, der nicht an der Handlung teilnimmt und alles weiß und kennt.

Deus-ex-machina – (lateinisch für Gott aus der Maschine). Eine aus heiterem Himmel eingreifende, höhere Macht. Dem Theater entnommen. Wenn es am Ende für den Helden keine Rettung mehr gibt, erscheint ein göttliches Wesen (meist in einem Korb von der Decke auf die Theaterbühne herabgelassen), um ihn zu retten.

Epilog – „Nachrede", folgt der Erzählung im zeitlichen Abstand.

Exposé – Präsentation. Das Exposé ist eine Kurzform des Manuskripts.

Faction – (englisch) im literarischen Sinne Romane mit realem Hintergrund. Sie beschreiben immer die reale Welt, basierend auf Fakten. Die Dramatisierung einer Dokumentation fällt darunter.

Fiktion – eine vom Autor erfundene Handlung, die entweder in einer realen oder irrealen Welt spielt. Sie darf durchaus auf reale Personen oder Geschehnisse basieren, muss aber in ihrer Gesamtheit erfunden sein, daher dürfen reale Ereignisse oder Personen im Sinne der Dramaturgie der Geschichte verändert werden.

Handlungsstrang – Die Abfolge von Tätigkeiten, die eine Handlung vorwärtstreiben. Zum Beispiel: Kommissar sucht Täter. Es kann mehrere Handlungsstränge geben, einen Haupthandlungsstrang, Nebenhandlungsstränge, die sich nicht über das gesamte Buch erstrecken müssen.

Hauptfigur – Ist für die Haupthandlung der Geschichte notwendig.

Histoire – frz. Die erzählte Geschichte, d. h. die vom konkret vorliegenden Text abstrahierbare Menge von Ereignissen, in ihrer logisch-chronologischen Ordnung.

Hook – engl. Haken. In der Literatur ein Satz oder Absatz, der beim Leser besonderes Interesse erwecken soll.

Inquit – aus dem Lateinischen „er sagte", manchmal auch „Inquit-Formel" genannt. Sie zeigt bei der direkten Rede an, wer spricht.

Kernfrage – zentrale Frage des Spannungsbogens oder Hauptplots, die sich um die Lösung des Hauptkonflikts dreht.

Klappentext – Kurzzusammenfassung mit offenem Ende. Wird aus der Pitch entwickelt

Leitfigur – Protagonist, die Figur mit dem Haupthandlungsstrang.

Moral – „Die Moral von der Geschicht'", eine in die Geschichte geschriebene Belehrung, die der Leser mitnehmen soll. Oft wird sie deutlich ausgeschrieben.

Motiv – ein inhaltliches oder situationsbedingtes Element, das sich in der Geschichte wiederholt.

Peripetie - plötzlicher Wechsel. Bezeichnet den unerwarteten Umschwung in der Handlungsstruktur, durch den entweder eine Wendung zum Guten (Komödie) oder Schlimmen (Tragödie) eingeleitet wird.

Perspektive – ursprünglich die zweidimensionale Darstellung eines räumlichen Objektes, z. B. in der Malerei oder Architektur. In der Literatur beschreibt sie den relativen Standpunkt des Erzählers zur Hauptfigur und zu dessen Umfeld. Dies kann auch eine subjektive Wahrnehmung sein.

Pitch – eine Ultrakurzzusammenfassung der Geschichte. Meist in zwei bis vier Sätzen. Enthalten sind Hauptziel, Hauptmotivation und Hauptkonflikt, inklusive der möglichen Lösung.

Plot – kausaler Zusammenhang und logische Abfolge von Handlungen der Figuren.

Prämisse – stellt eine Behauptung auf, die zwar nicht bewiesen werden muss, aber die Motivation des Protagonisten widerspiegelt. Sie ist der logische Zusammenhang oder die Voraussetzung mit der die Story funktioniert. Der Leser erkennt sie nicht unmittelbar.

Prolog – „Vorrede", sie geht der Erzählung voran und gibt Hinweise auf das Folgende.

Protagonist – aus dem Griechischen, Ersthandelnder. Generell die Haupt- oder Leitfigur. Allerdings kann es mehrere Protagonisten geben.

Sachbuch – beschäftigen sich mit realen Ereignissen, Personen und Dingen. Die Erzählweise ist meist nicht dramatisiert (im Englischen Nonfiction).

Setting – im Wesentlichen der Schauplatz, aber auch Epoche, Gesellschaftsstruktur und Örtlichkeiten.

Spannungsbogen – eine Sequenz von Ereignissen, die die Spannung anwachsen lassen, um am Ende abzufallen.

Stoff – meist eine aus dem geschichtlichen oder dichterischen Bereich stammende Handlungsstruktur, die dann literarisch aufbereitet wird.

Story – die Geschichte.

Synopse – Zusammenfassung, die sich auf das Wesentliche beschränkt, zum Beispiel nur auf die Ereignisse aus der Sicht der Hauptfigur.

Szene – Bestandteil eines Kapitels. Sie sollte eine Einleitung und einen Höhepunkt haben und mit einem Hook enden.

Thema – Haupt- und Leitgedanke eines Texts. Meist abstrahiert und strukturlos.

These – ist eine Behauptung, deren Wahrheit bewiesen werden muss. Kommt in der Belletristik selten zur Anwendung.

Umschlagtext U4 – „U4" ist der vierte Umschlag und bedeutet die Rückseite des Buchs. Die Klappen wären „U2" und „U3". Der „U4-Text" ist in der Regel eine Variation des Klappentexts und zusätzlicher Werbung.

Waschzettel – das Buch in Stichpunkten, mit Pitch und Eckdaten.

Writer's Block – engl. für Schreibblockade. Tritt gern nach dem ersten Drittel oder in der Mitte auf, meistens dann, wenn Lücken im Plot oder Logikfehler vorhanden sind.

Zusammenfassung – fasst die Ereignisse der Geschichte wertungsfrei zusammen. Das kann kapitelweise, chronologisch, oder aus der Perspektive mehrerer Personen erfolgen.

Über die Autorin

Was treibt eine promovierte Chemikerin dazu, die als Managerin für einen internationalen US-Konzern arbeitet, Bücher zu schreiben? Ganz einfach: die Liebe – die Liebe zum Geschichtenerzählen. Das erforderliche Handwerk erlernte sie in zahlreichen Schreibkursen, Kritikzirkeln und Literaturforen. Am liebsten liest und schreibt sie Krimis und Abenteuerromane, gern mit Romantik, fühlt sich aber auch in anderen Genres heimisch. Sie fungiert außerdem als Jurorin für den Daphne-du-Maurier Preis.

Die gebürtige Münchnerin lebte viele Jahre in Nürnberg und Coburg, wohnt jedoch seit 2001 mit ihrem Mann Michael und zwei erwachsenen Kindern in den USA. Damit es ihr dort nicht zu langweilig wird, teilt sie ihr Leben mit vielen Hunden, Katzen und Pferden.

Veröffentlichungen:

Koppelmord, Carlsen Verlag, ISBN 978-3-646-80018-0
Katertage zum Verlieben, Thienemann/Planet Girl, ab 16.4.2014, ISBN 978-3-522-50417-1
Flauschangriff, Piper, ab 15.9.2014, ISBN 978-3-492-30447-4

Die Autorin im Internet:

Autorenhomepage: www.ilonaschmidt.com

Facebook:
https://www.facebook.com/ilonaschmidt.autor